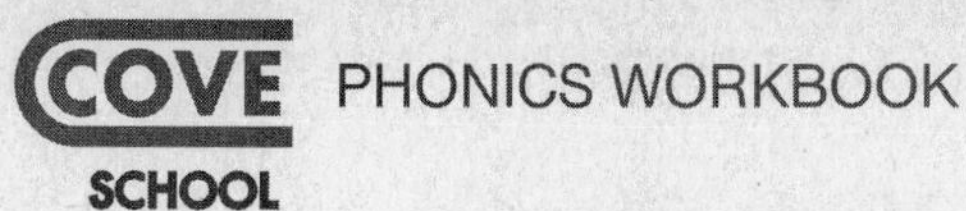

PHONICS WORKBOOK

Consonants

Joyce Dadouche, M.A.
Laura L. Rogan, Ph.D.
Janis Wennberg, M.A.
Cove Foundation, Winnetka, Illinois

SRA/McGraw-Hill
Columbus, Ohio

Printed in the USA.

ISBN 0-02-686971-3

2 3 4 5 6 7 8 9 10 MAL 99 98 97 96

Contents

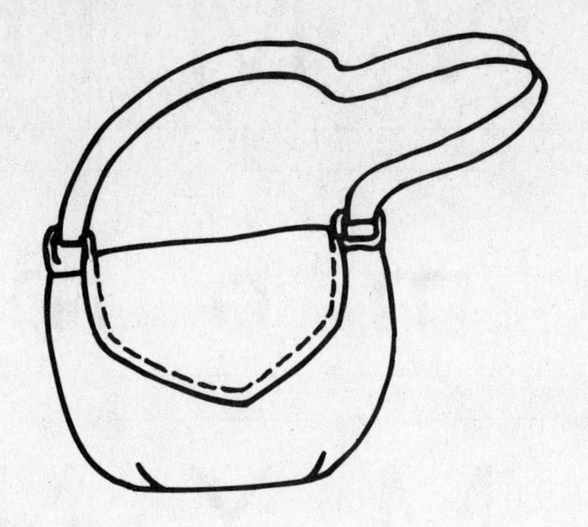

Mm

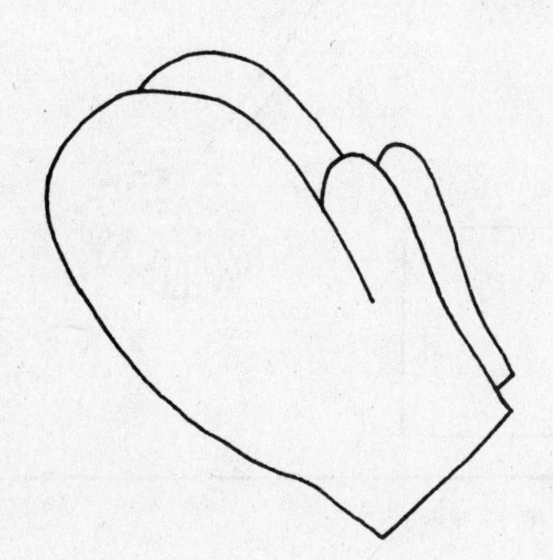

M M W M V M N

m h m u v m n m

M H M W M X N

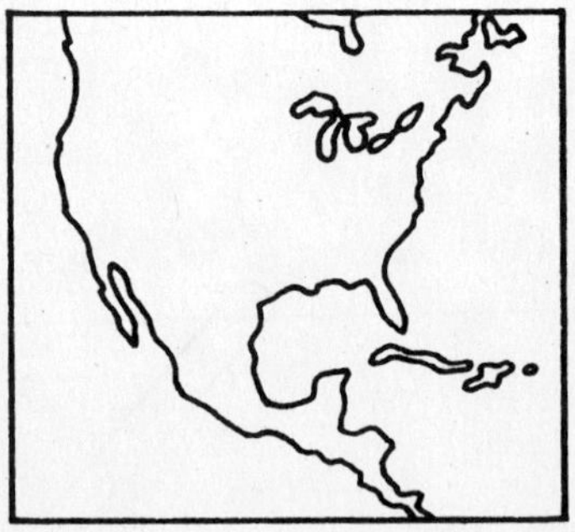

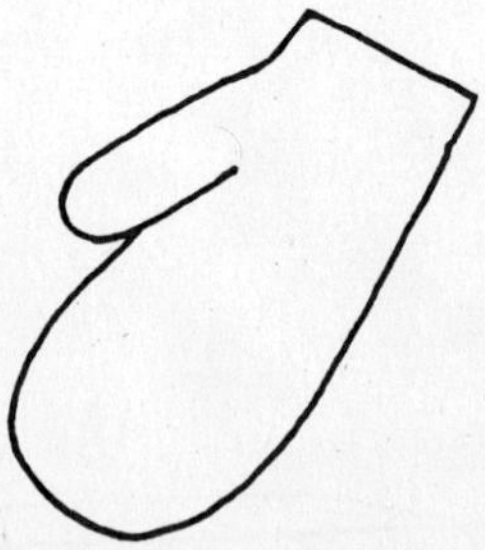

Mm Mm Mm

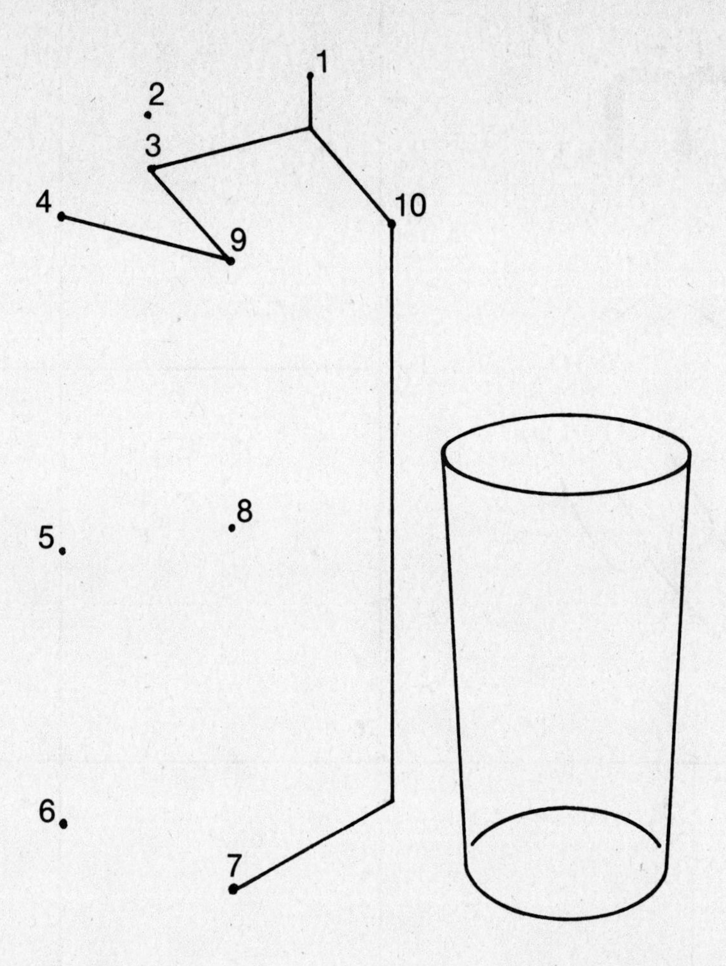

Mm milk

M m

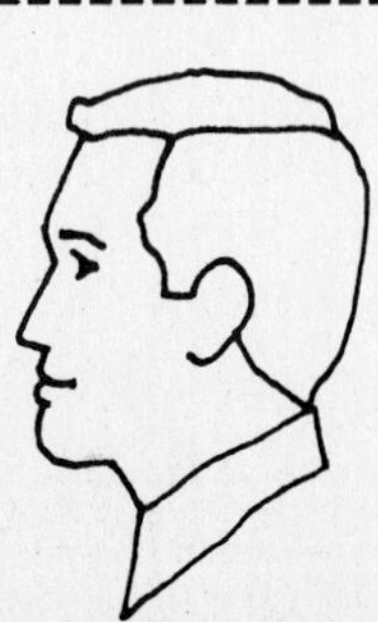

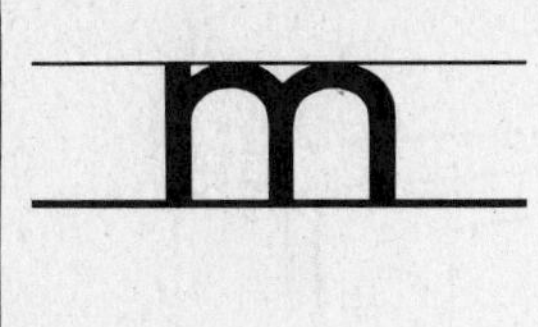

m

m

m

m

m

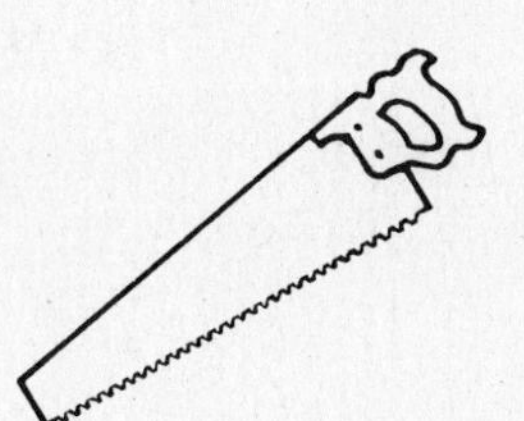

m

m

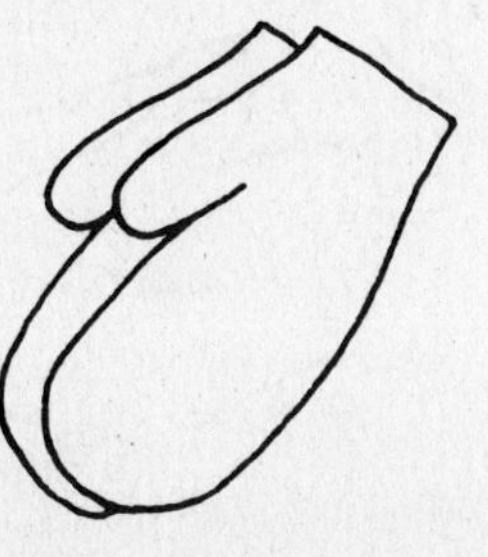

m

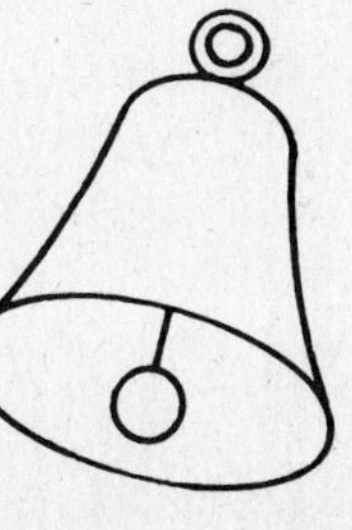

m

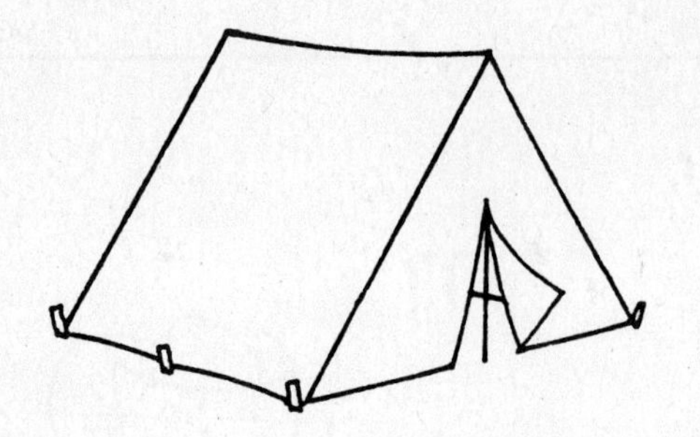

T t

T	I	T	F	T	I	T	L
t	f	h	t	l	t	h	t
T	L	F	T	I	T	I	F

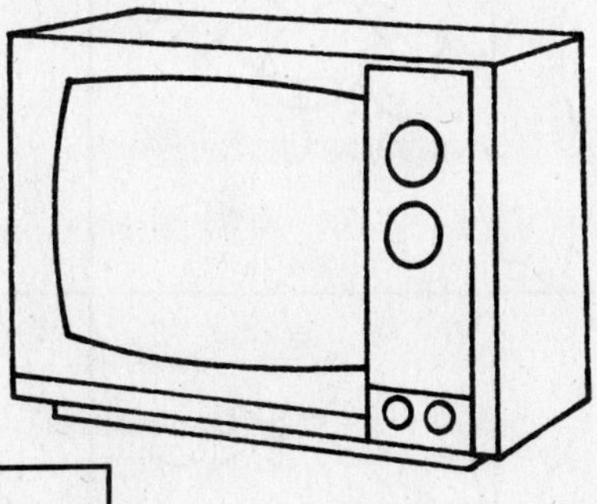

Tt Tt Tt

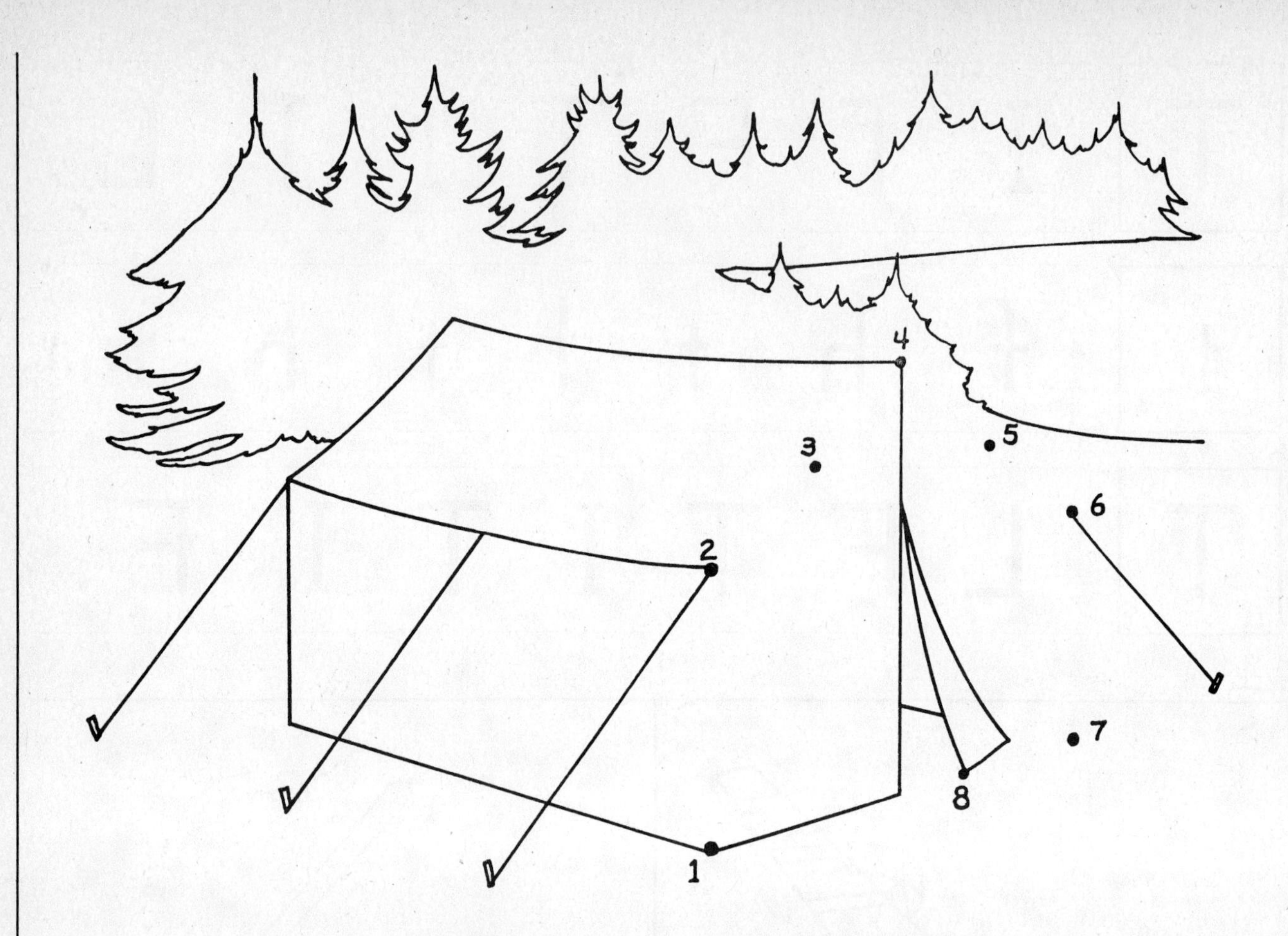

Tt tent

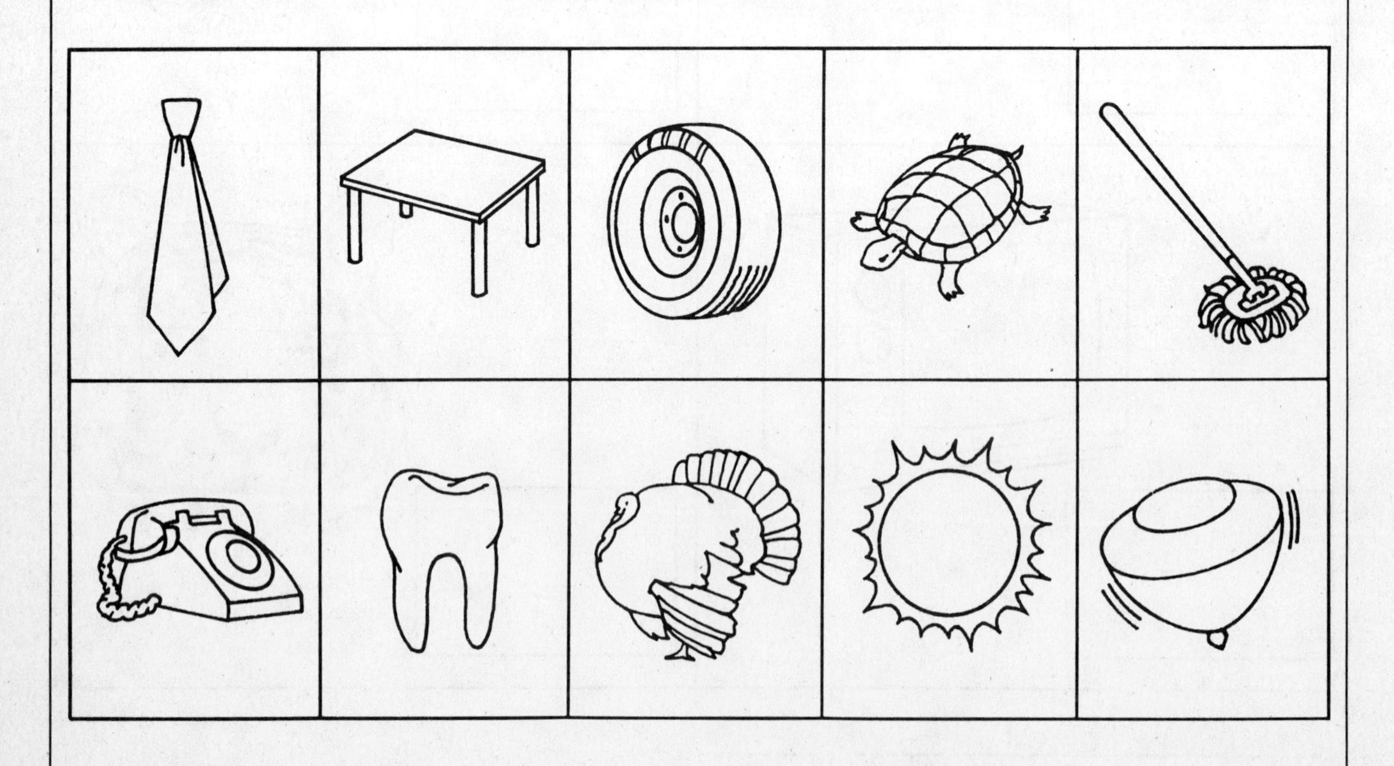

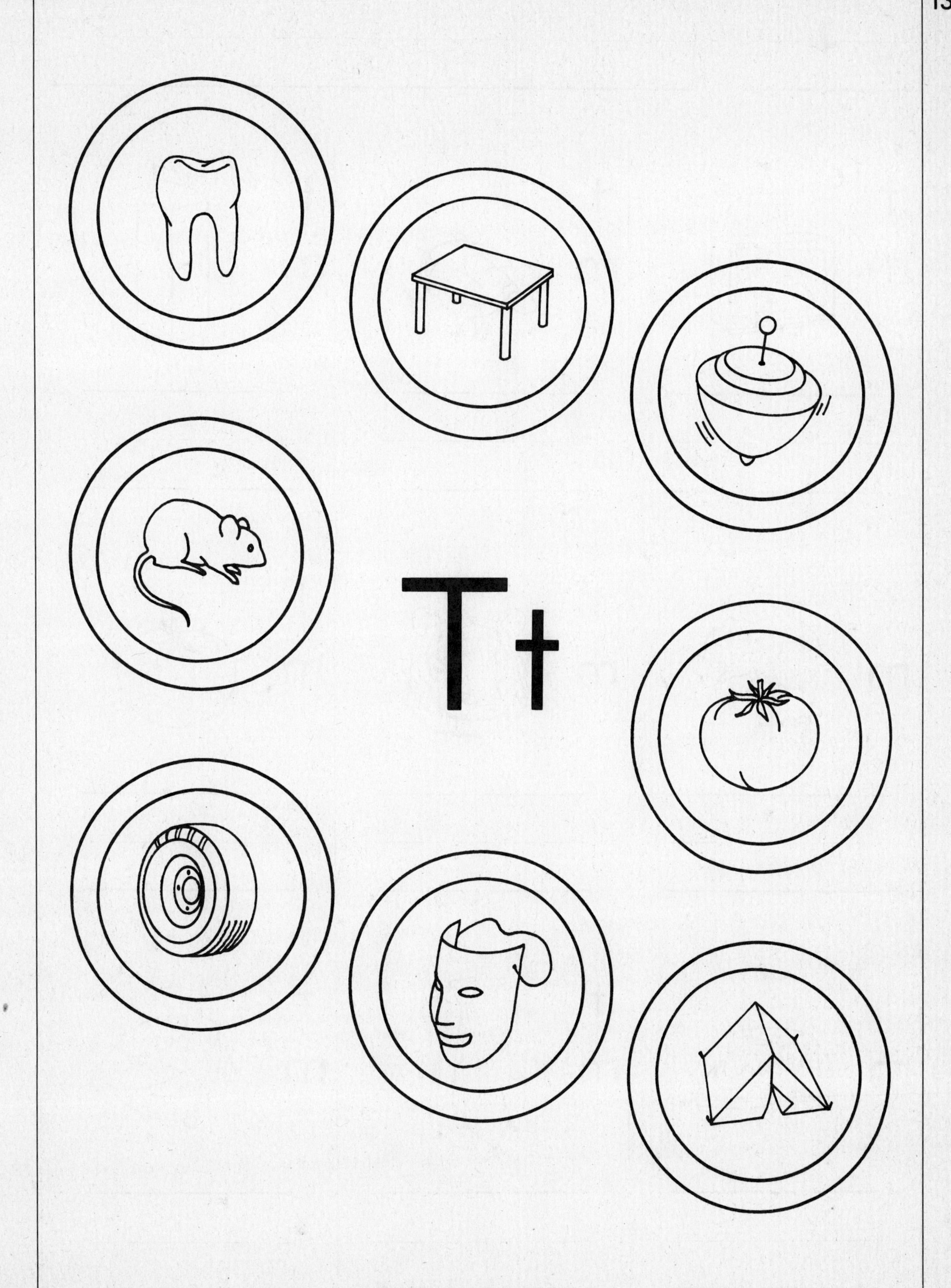
Tt

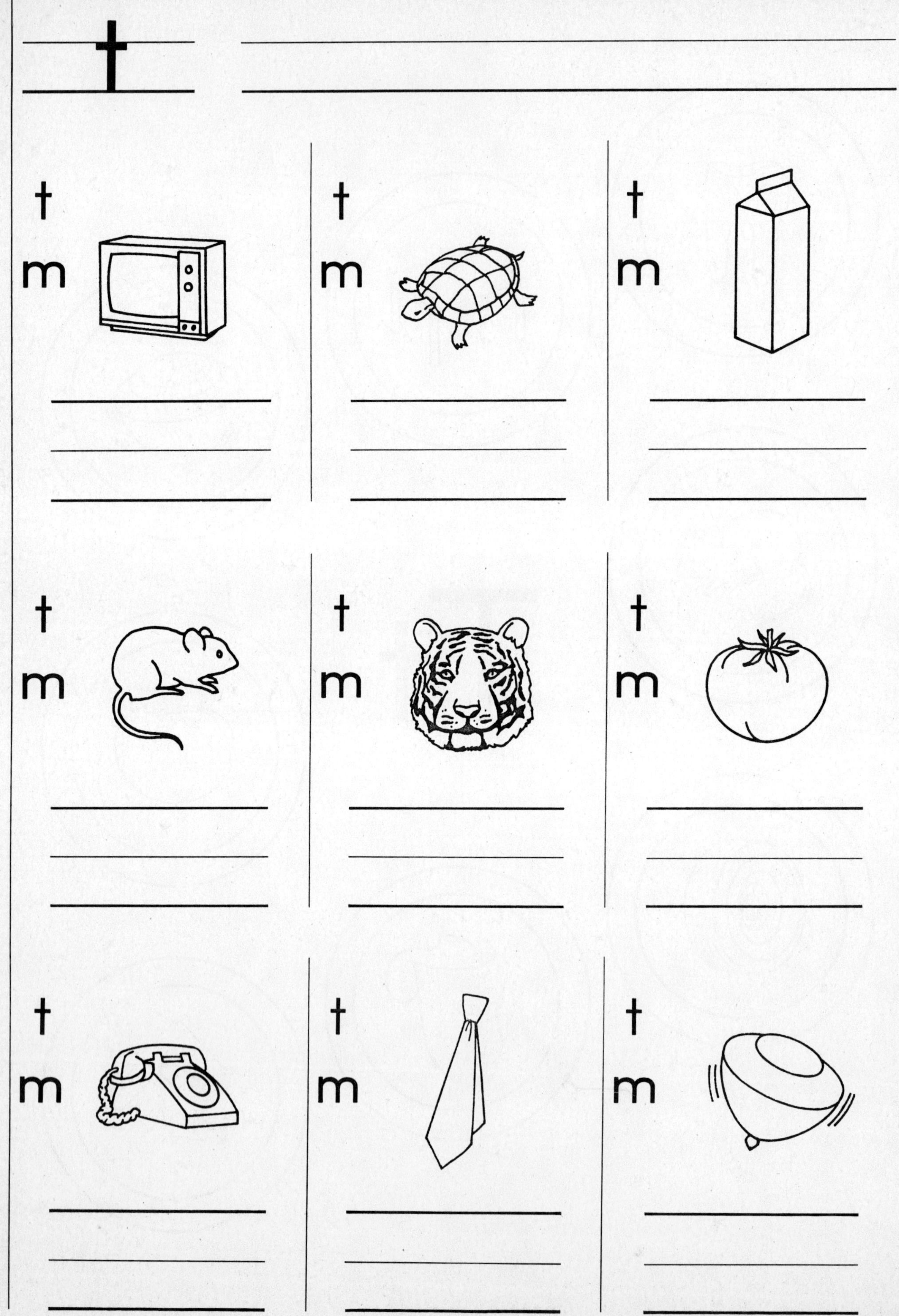
t
t m
t m
t m
t m
t m
t m
t m
t m
t m

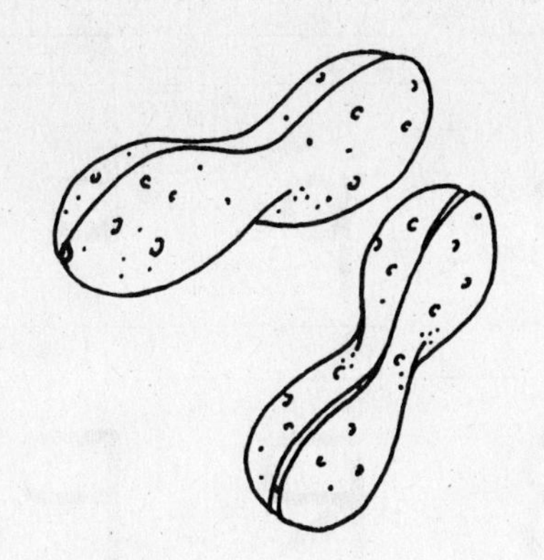

Pp

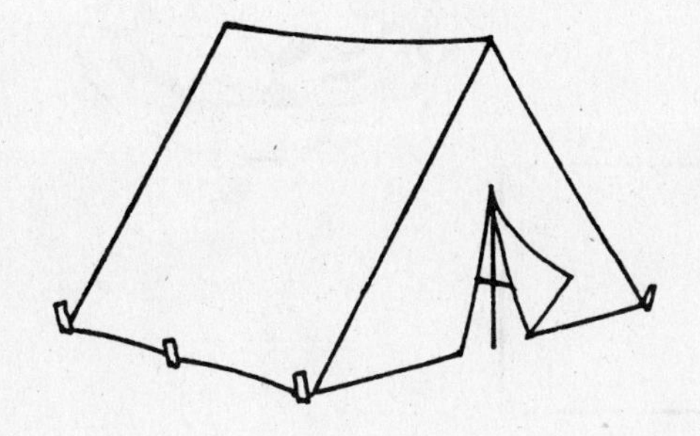

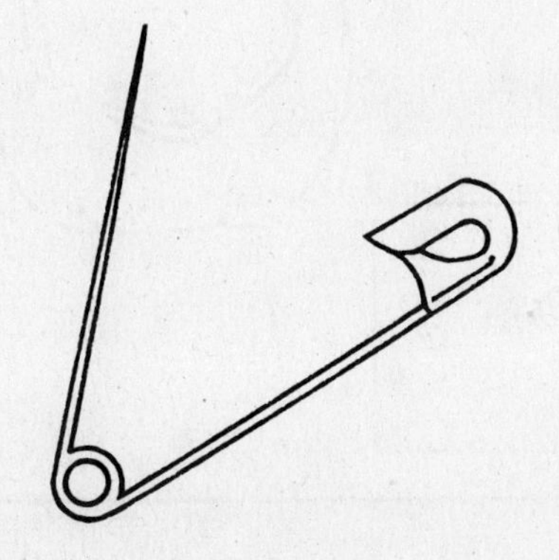

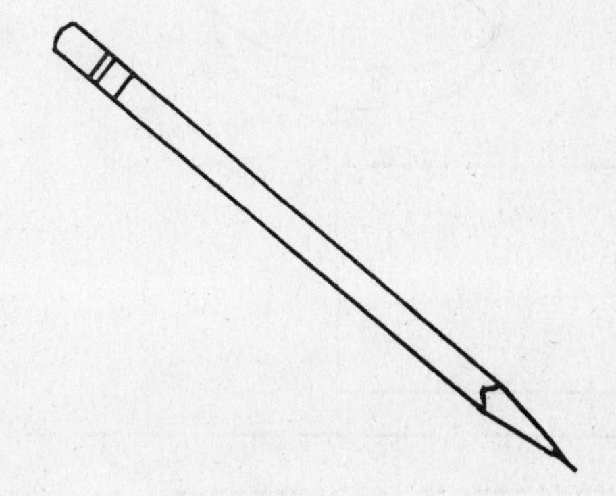

P	P	R	P	B	P	R
p	b	p	d	p	p	b
P	D	P	P	B	R	P

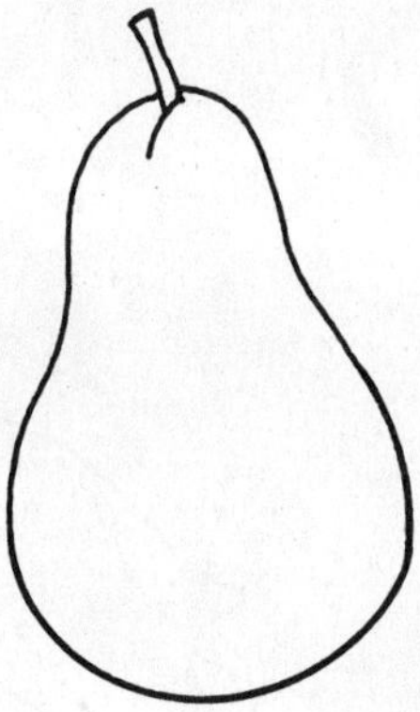

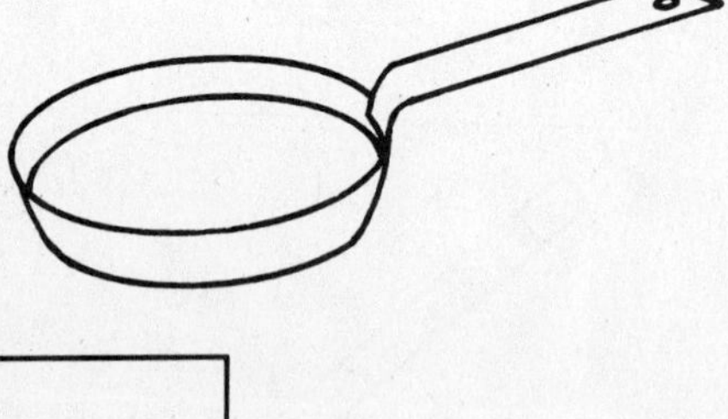

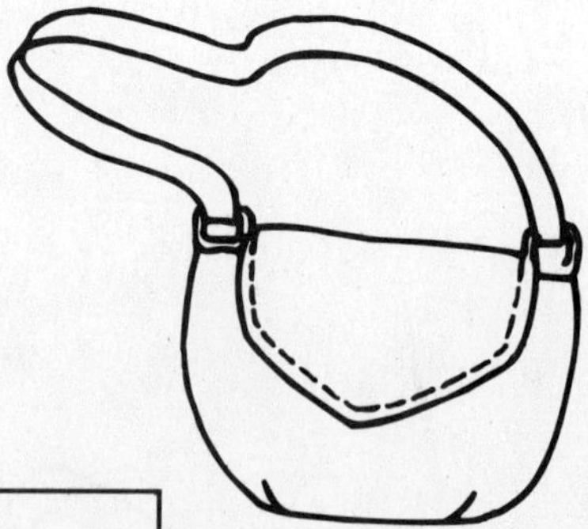

Pp Pp Pp

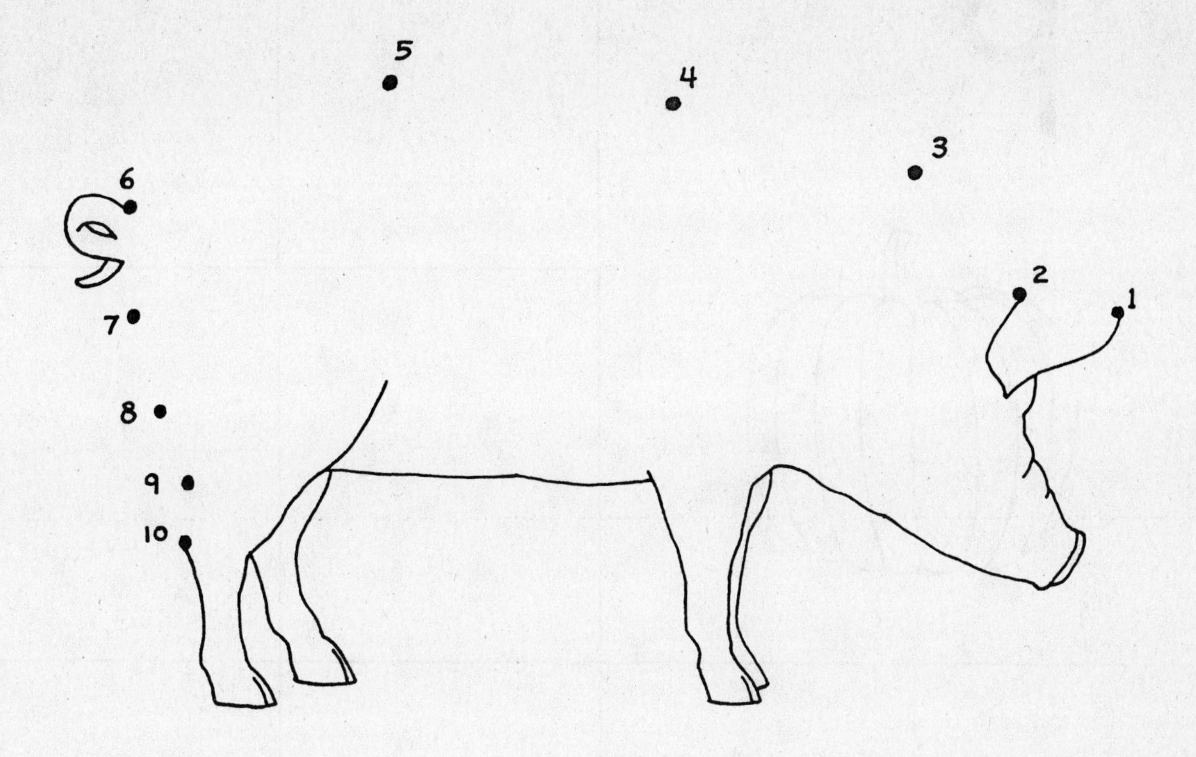

Pp pig

Pp

2

p
p
t
m
p
t
m
p
t
m
m
p
t
m
t
p
p
m
t
t
m
p
m
p
t
p
m
t

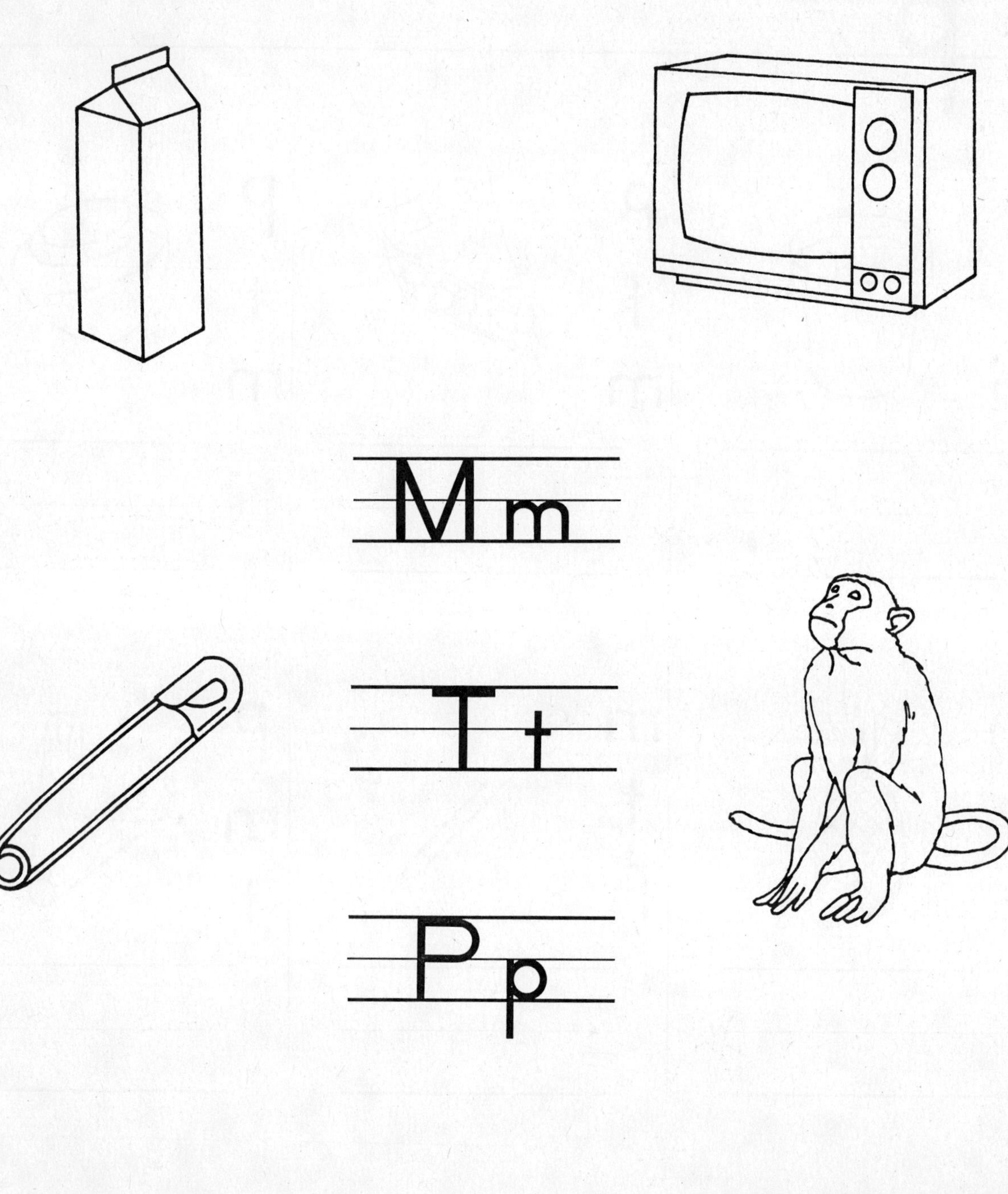

Mm
Tt
Pp

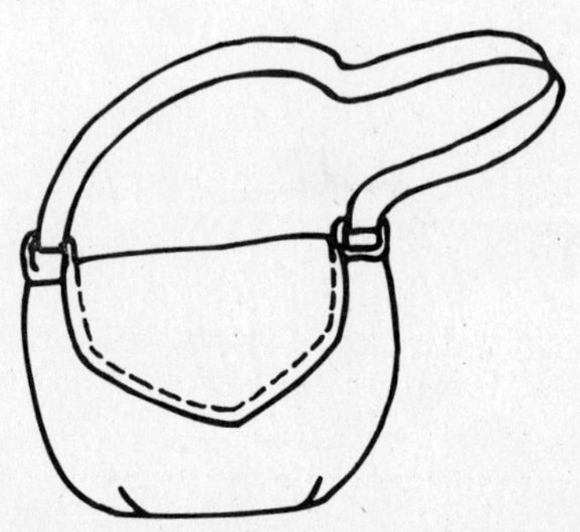

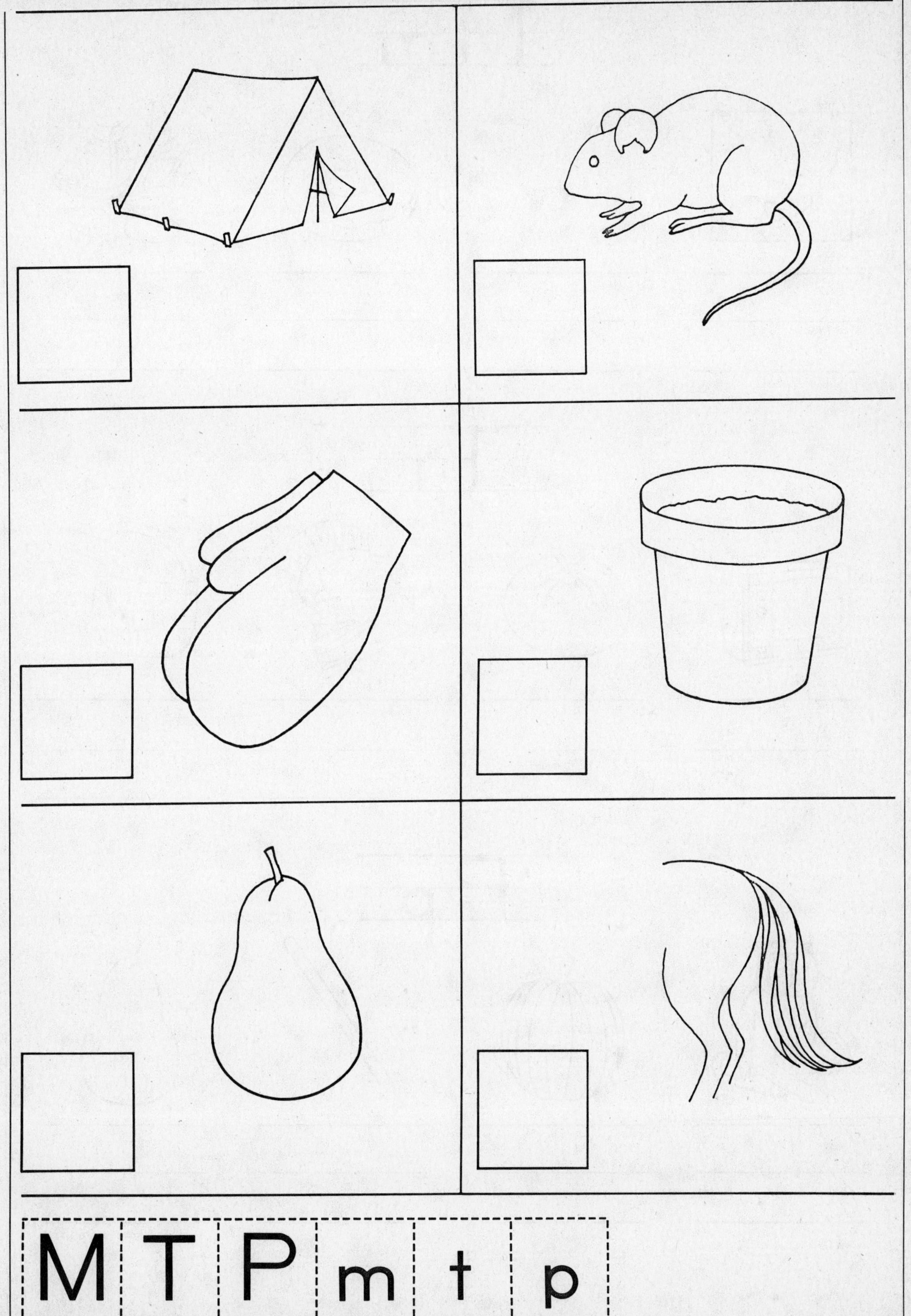
M
T
P
m
t
p

Mm
Tt
Pp

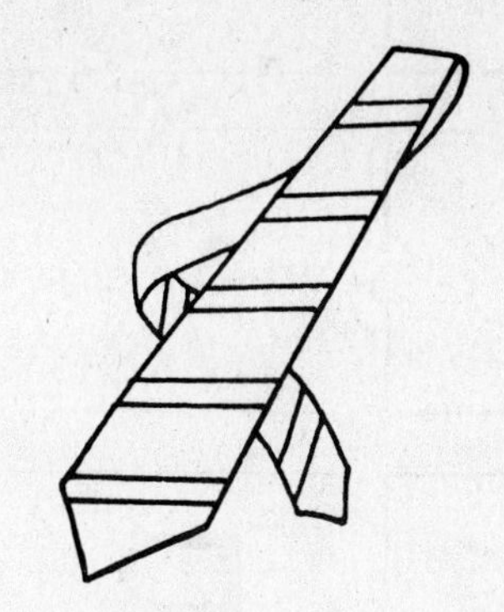

K k

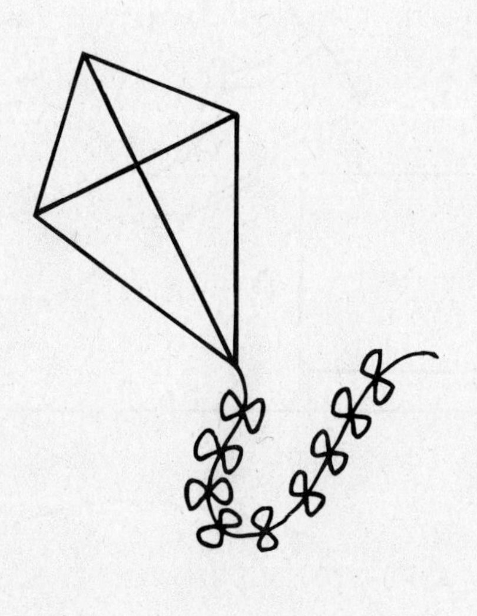

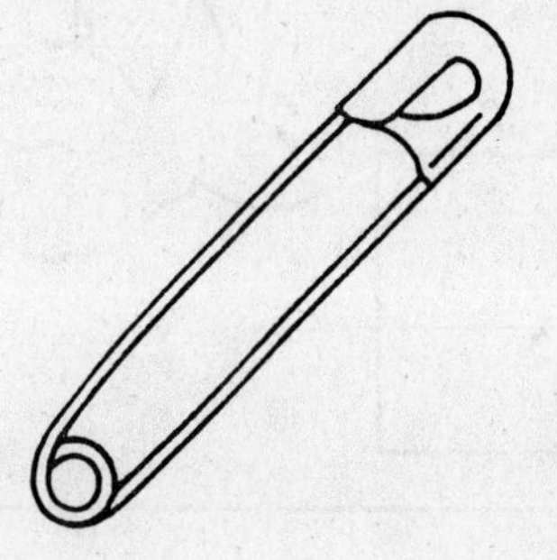

K K R E K R K

k y b k h y k

K R K E K R K

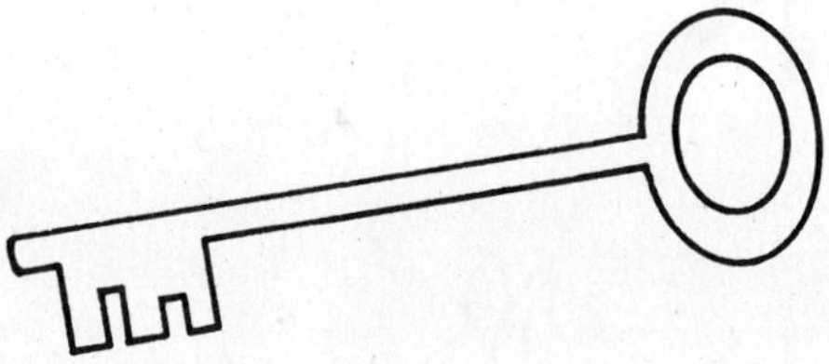

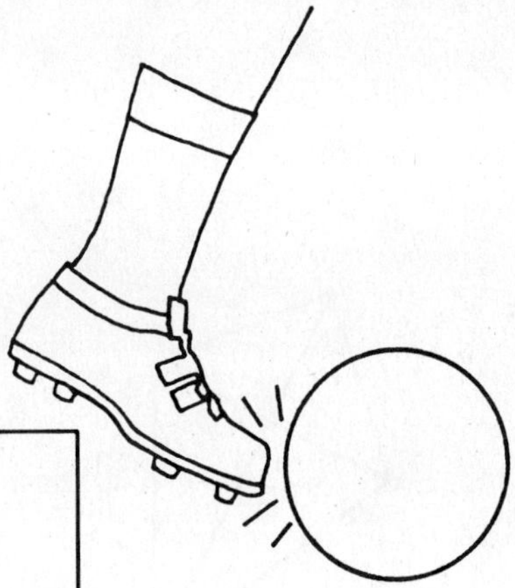

Kk Kk Kk

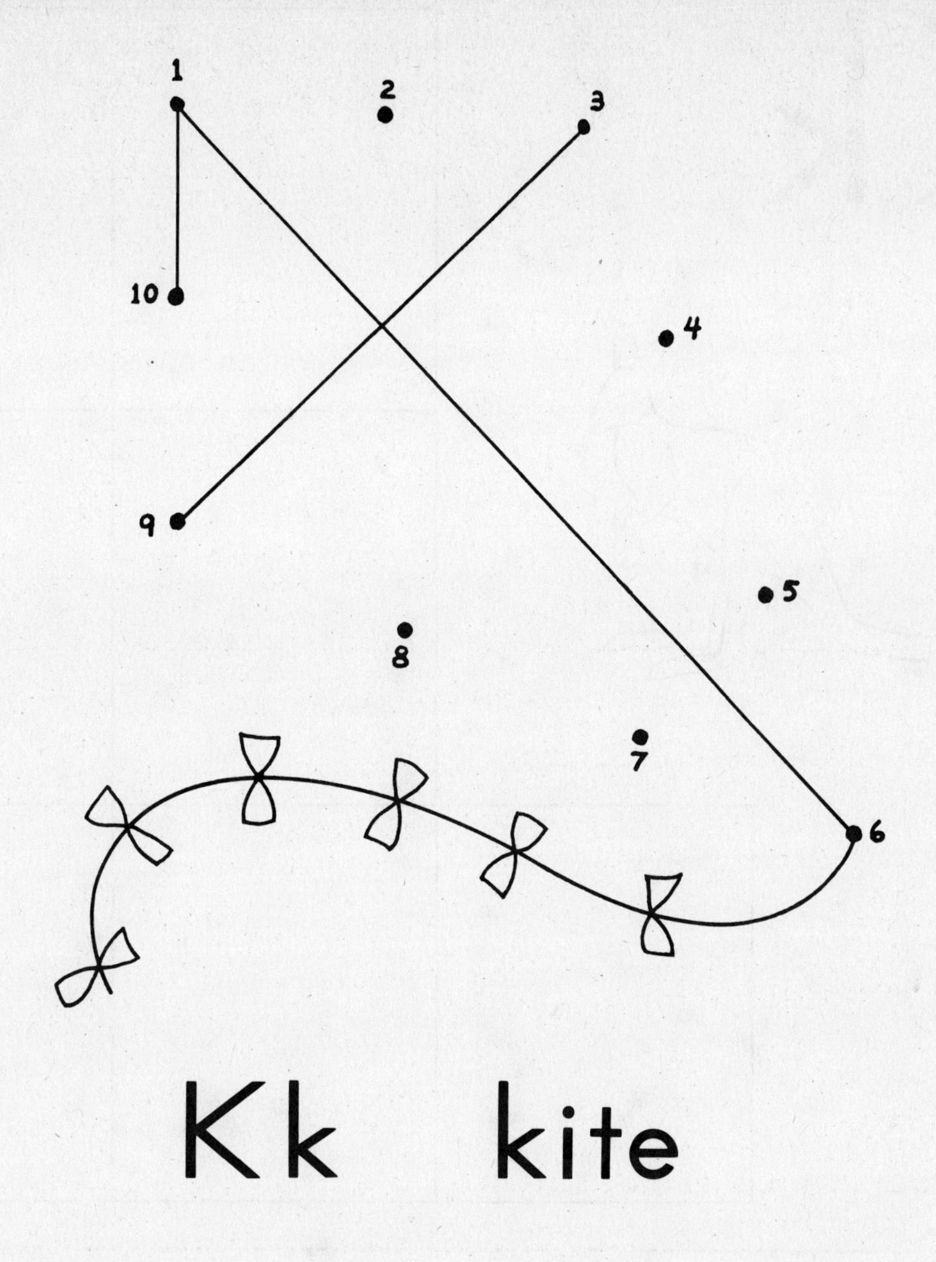

Kk kite

K k

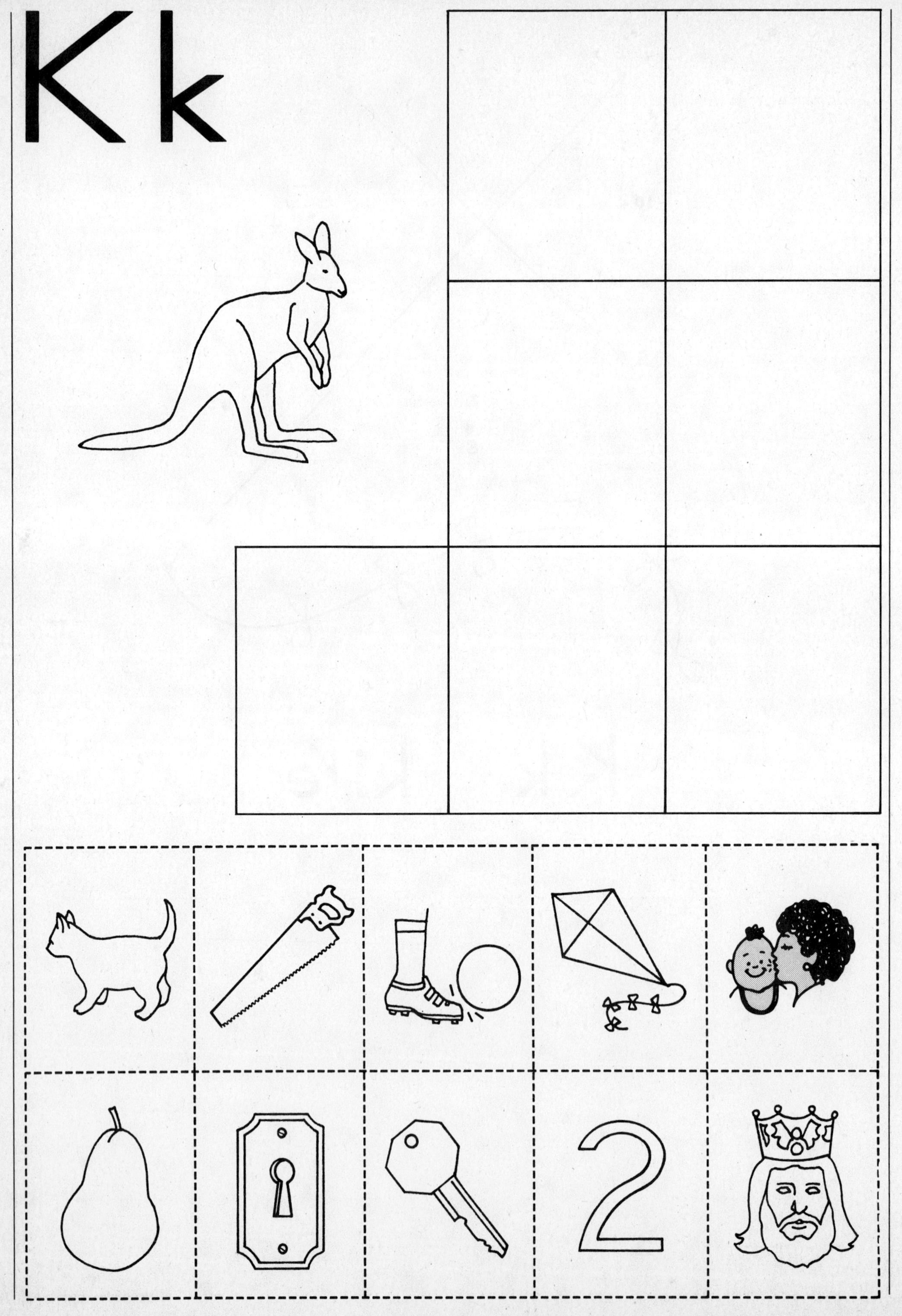

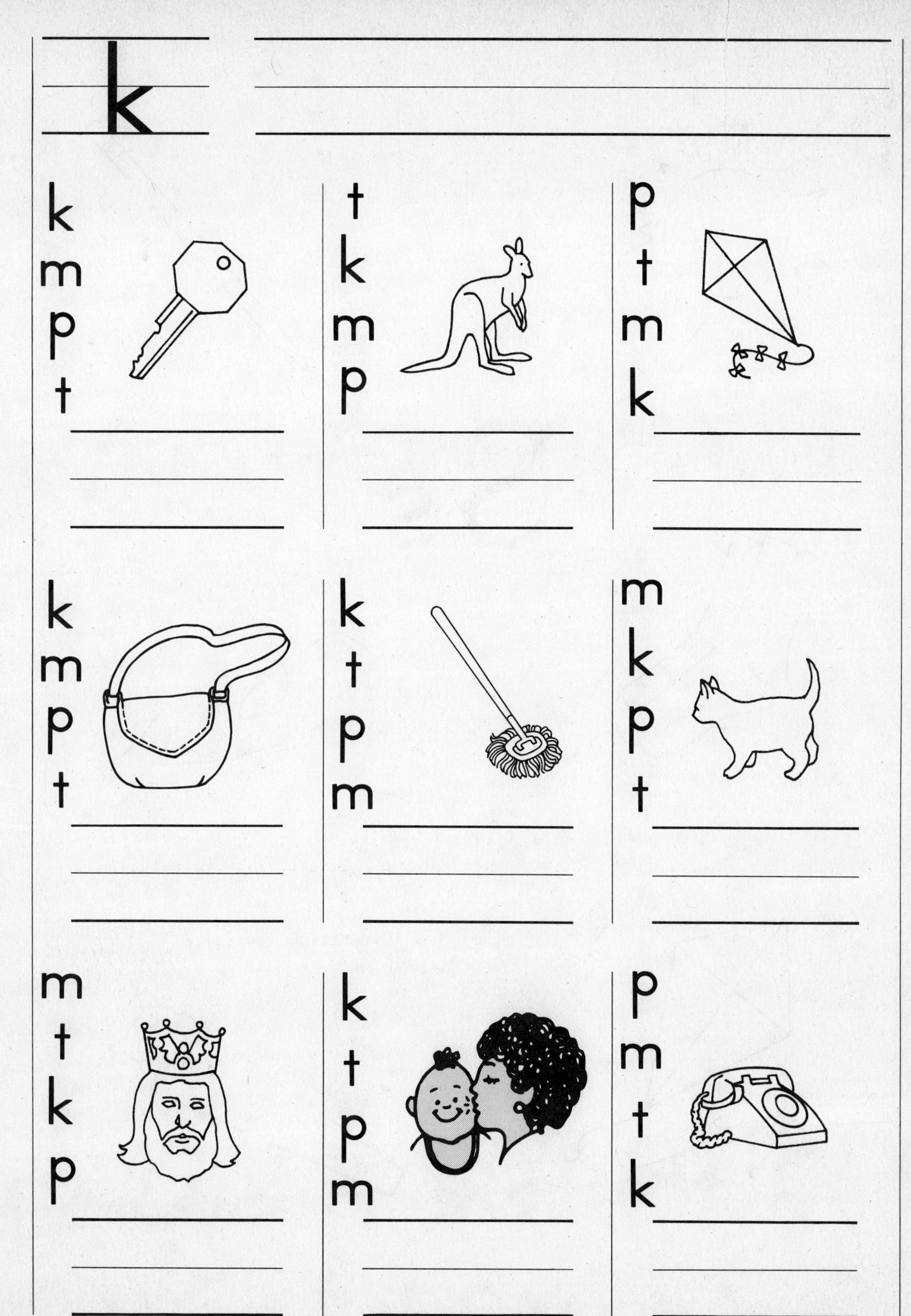

k
k m p t
t k m p
p t m k
k m p t
k t p m
m k p t
m t k p
k t p m
p m t k

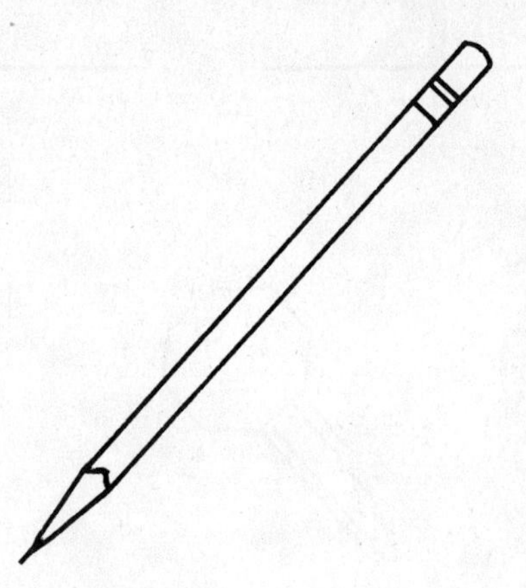

Ss

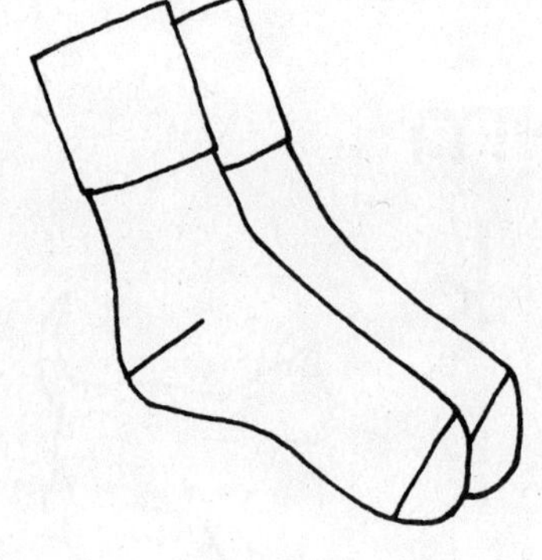

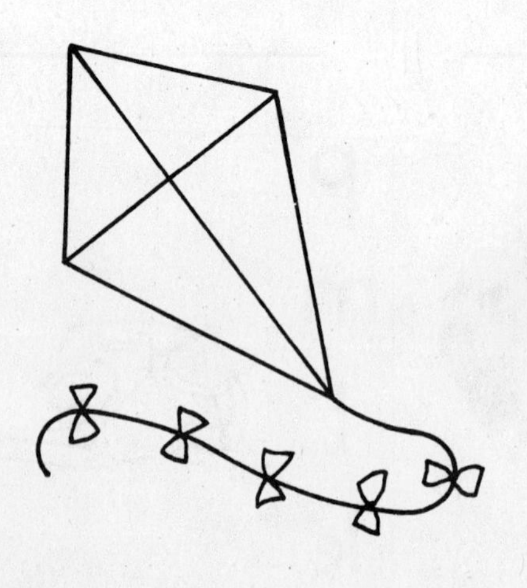
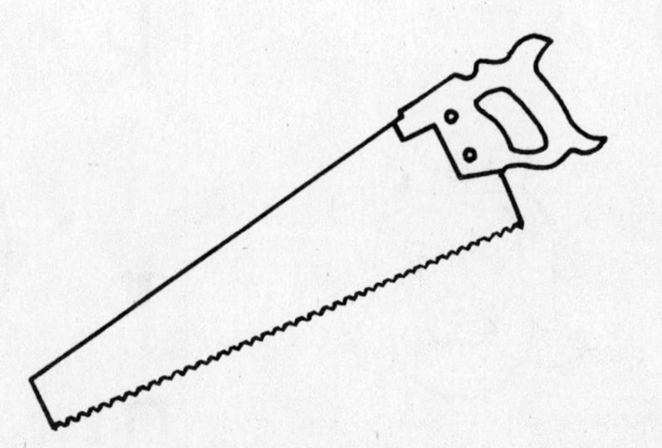

S	S	Z	C	S	Z	C
s	a	s	c	z	s	s
S	Z	C	S	Z	S	C

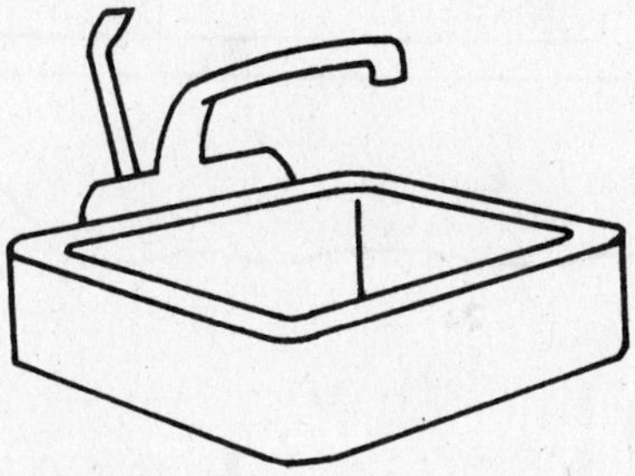

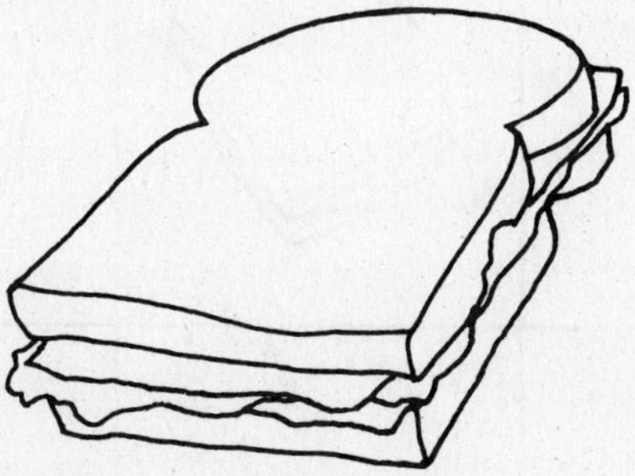

Ss Ss Ss

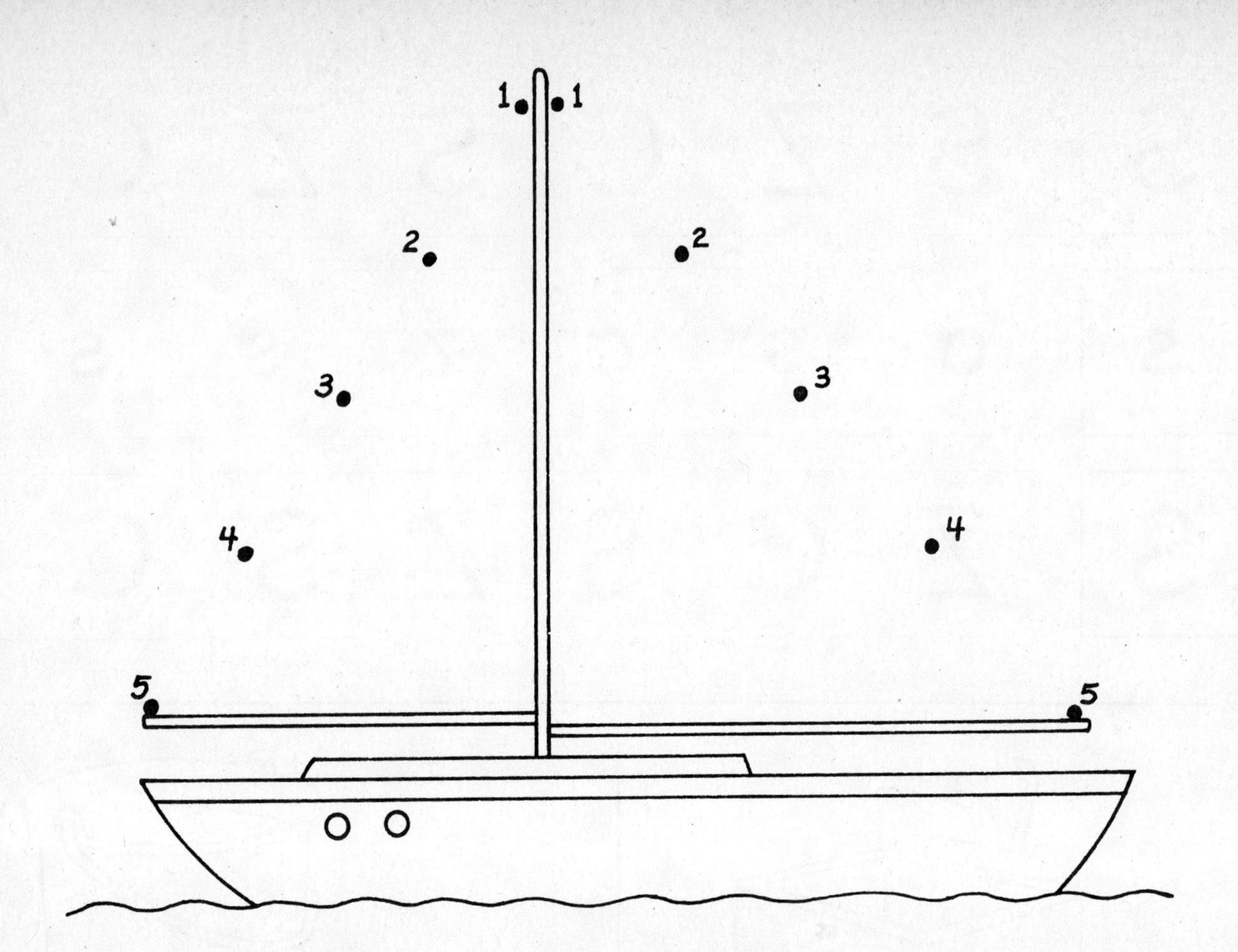

Ss sailboat

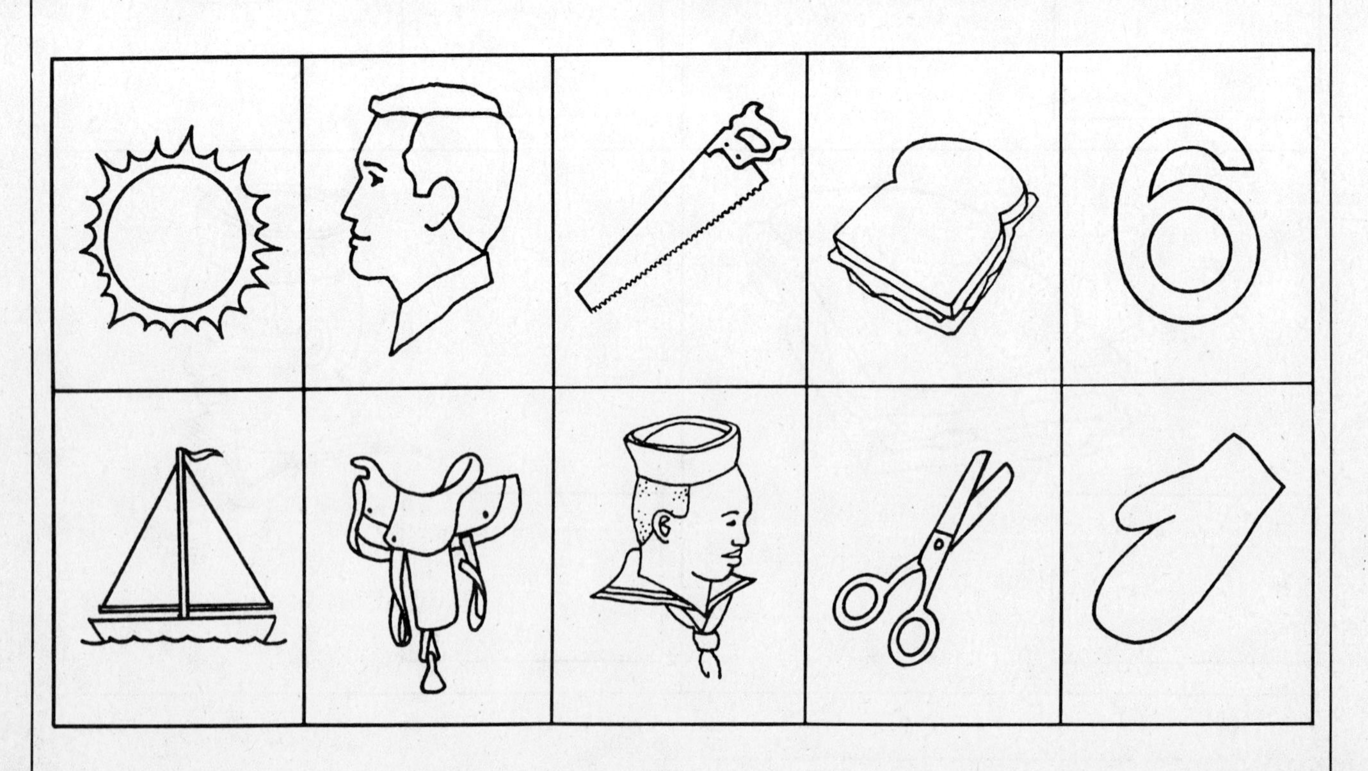

7
Ss

s

s
m
t
p

s
t
m
k

k
t
s
m

s
t
m
k

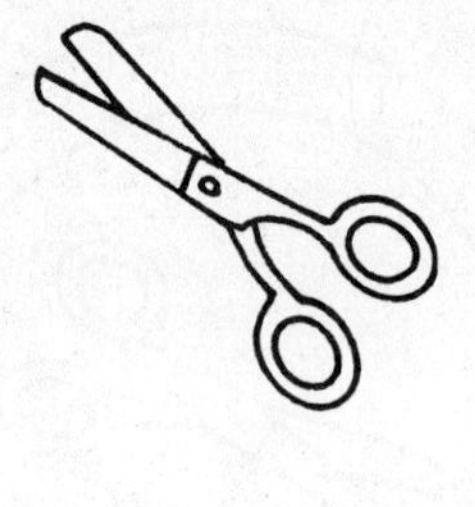
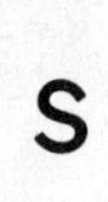

t
k
s
m

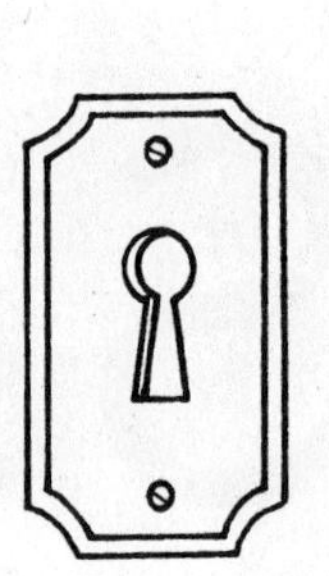

k
p
m
s

t
s
m
p

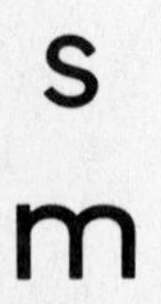
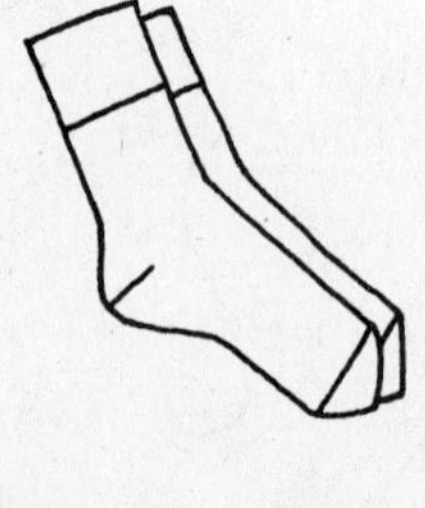

s
k
p
m

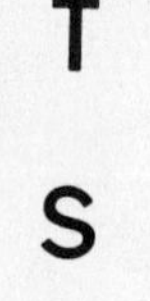

m
t
s
p

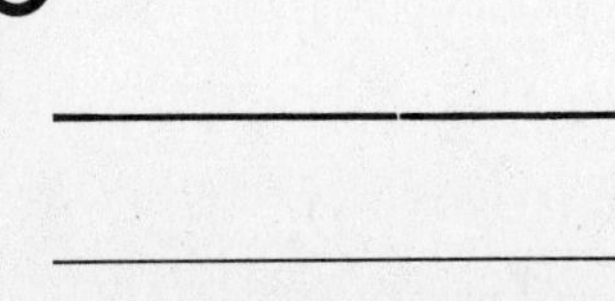

Ff

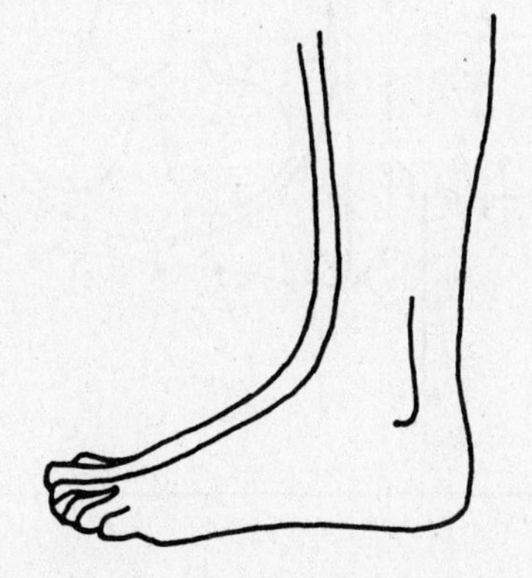

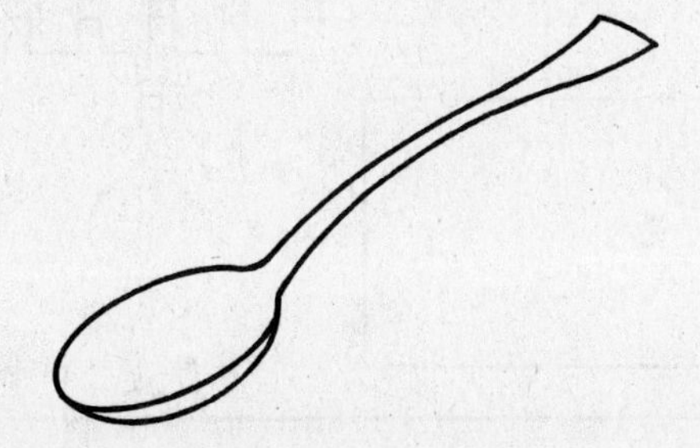

F E T F E T F

f t h f t f h f

F T F E T F E

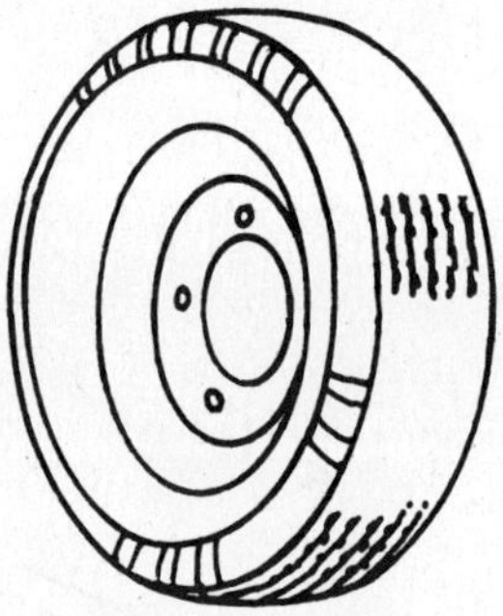

Ff Ff Ff

Ff fish

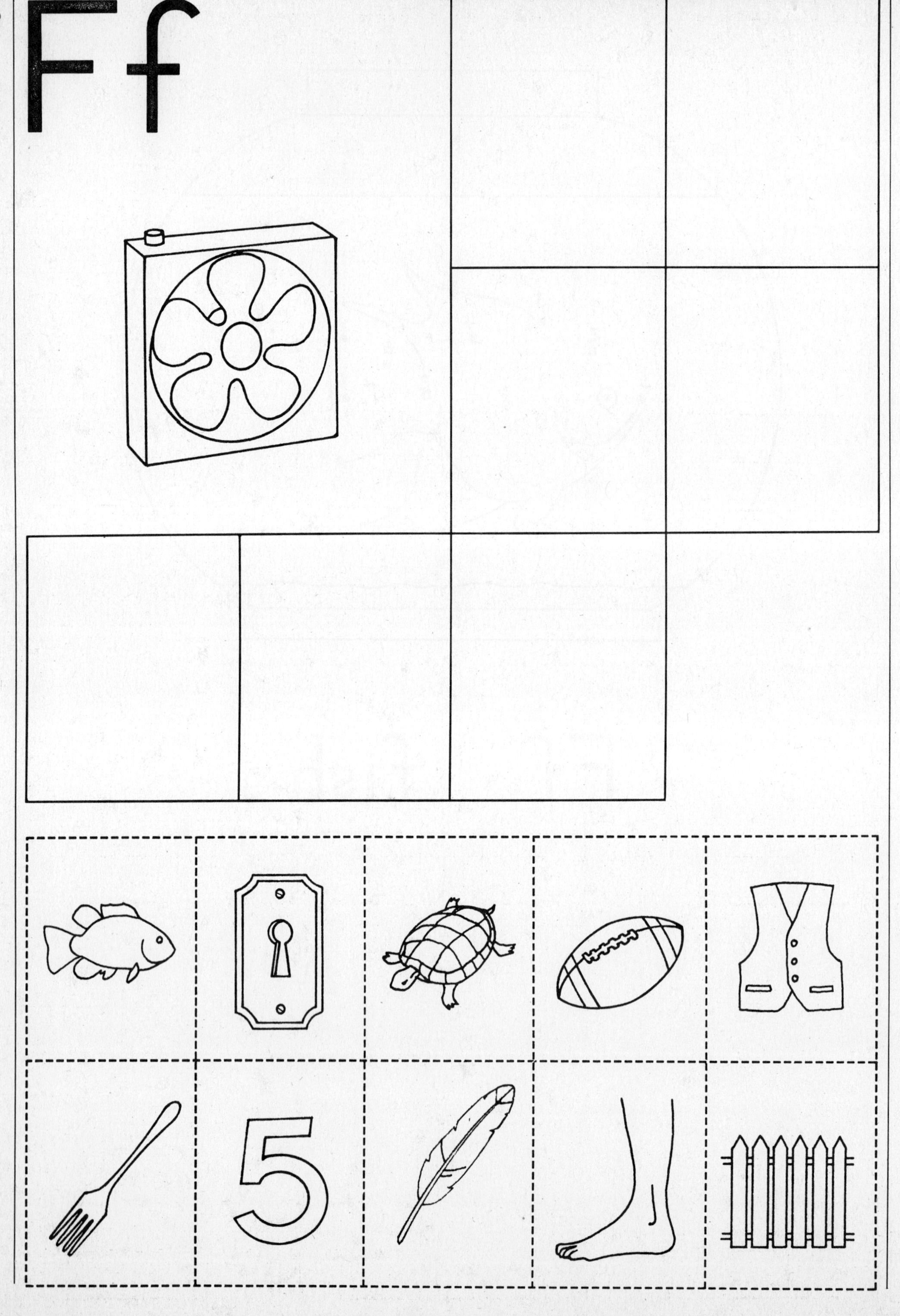
F f
5

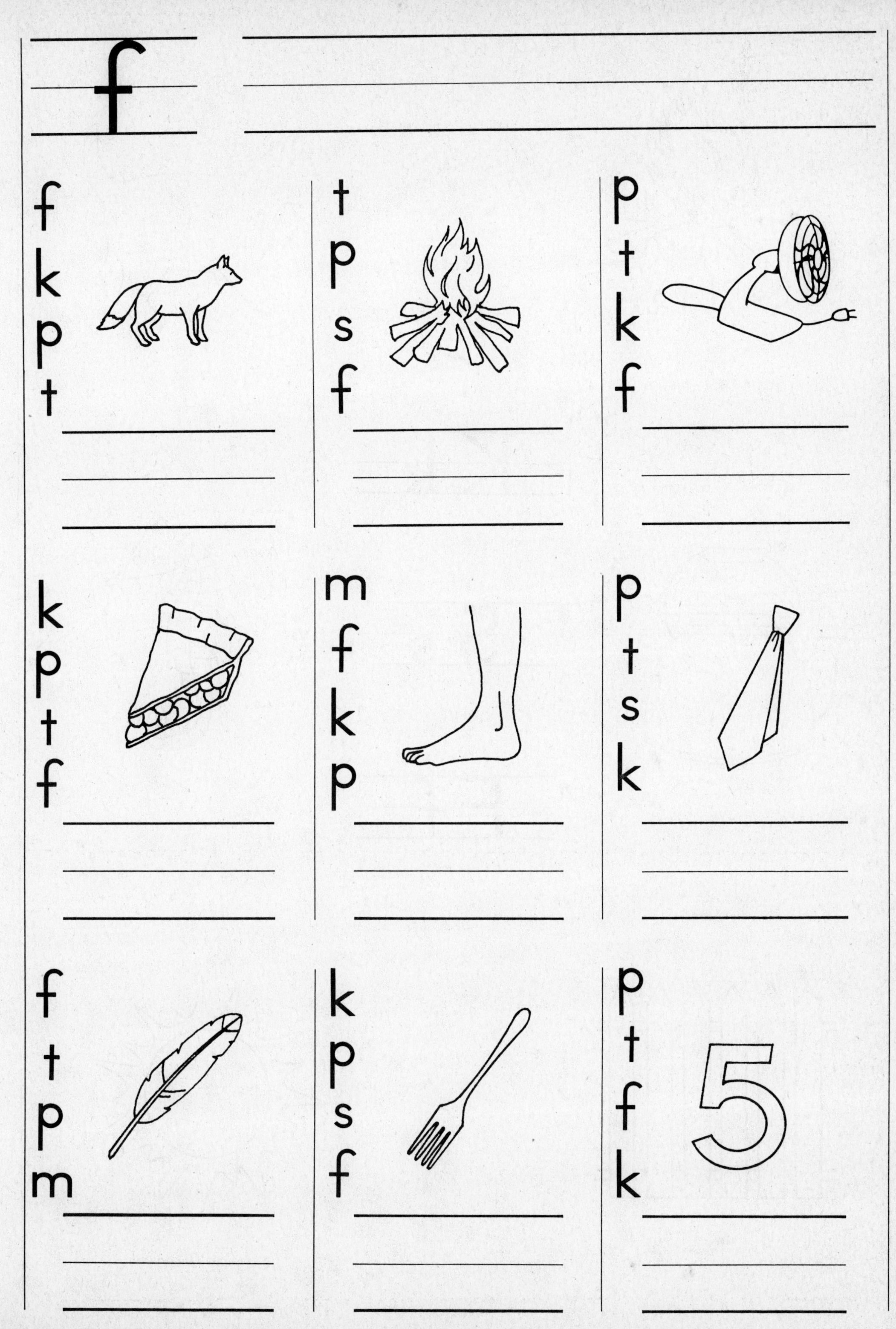
f
f
k
p
t
t
p
s
f
p
t
k
f
k
p
t
f
m
f
k
p
p
t
s
k
f
t
p
m
k
p
s
f
p
t
f
k
5

K k

F f

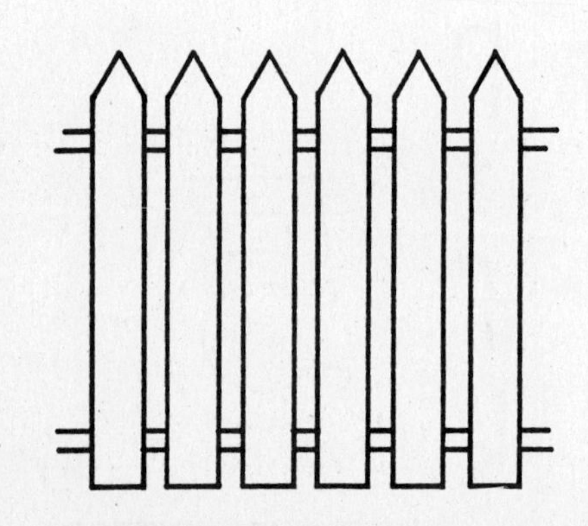

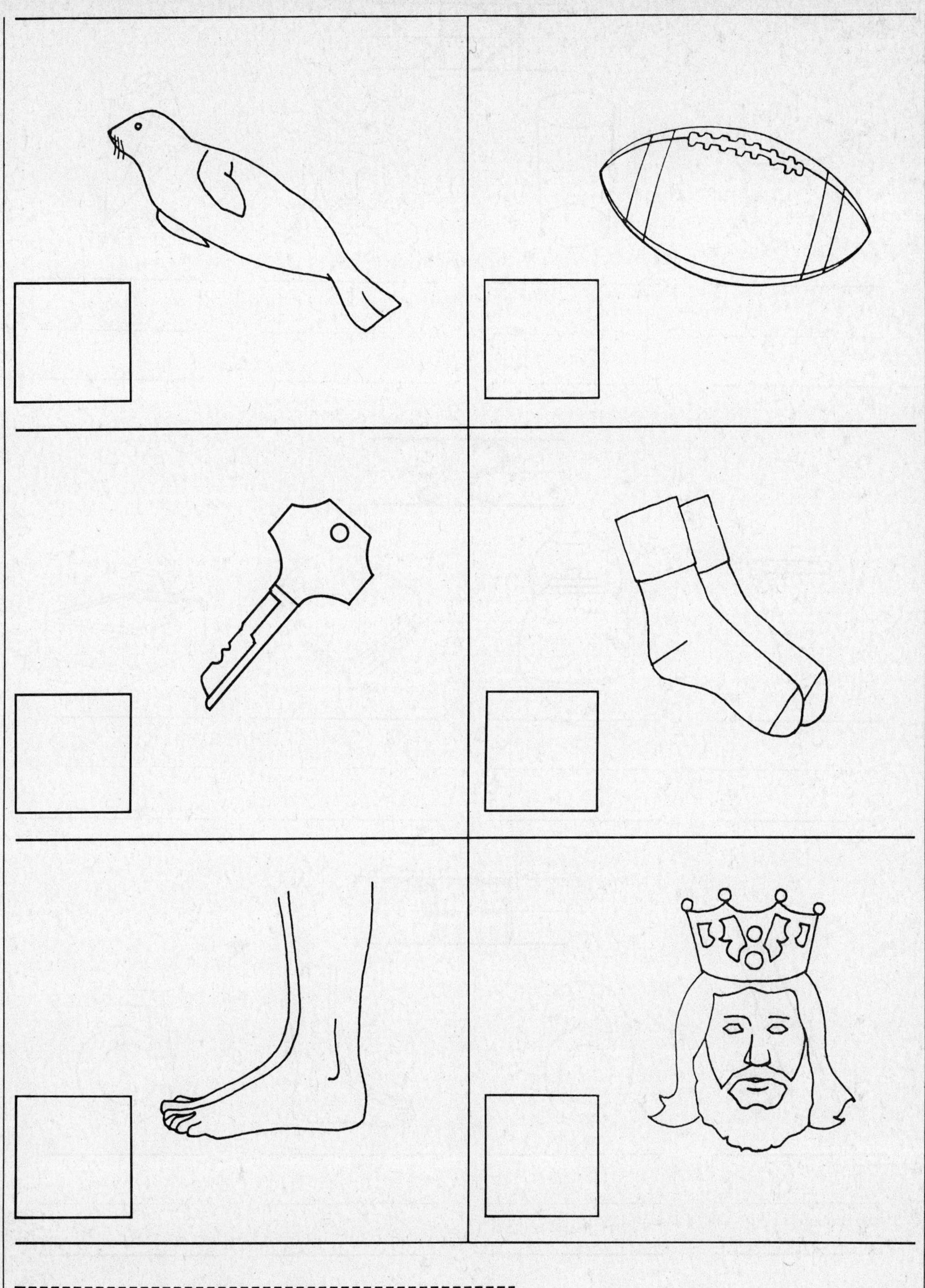

K S F k s f

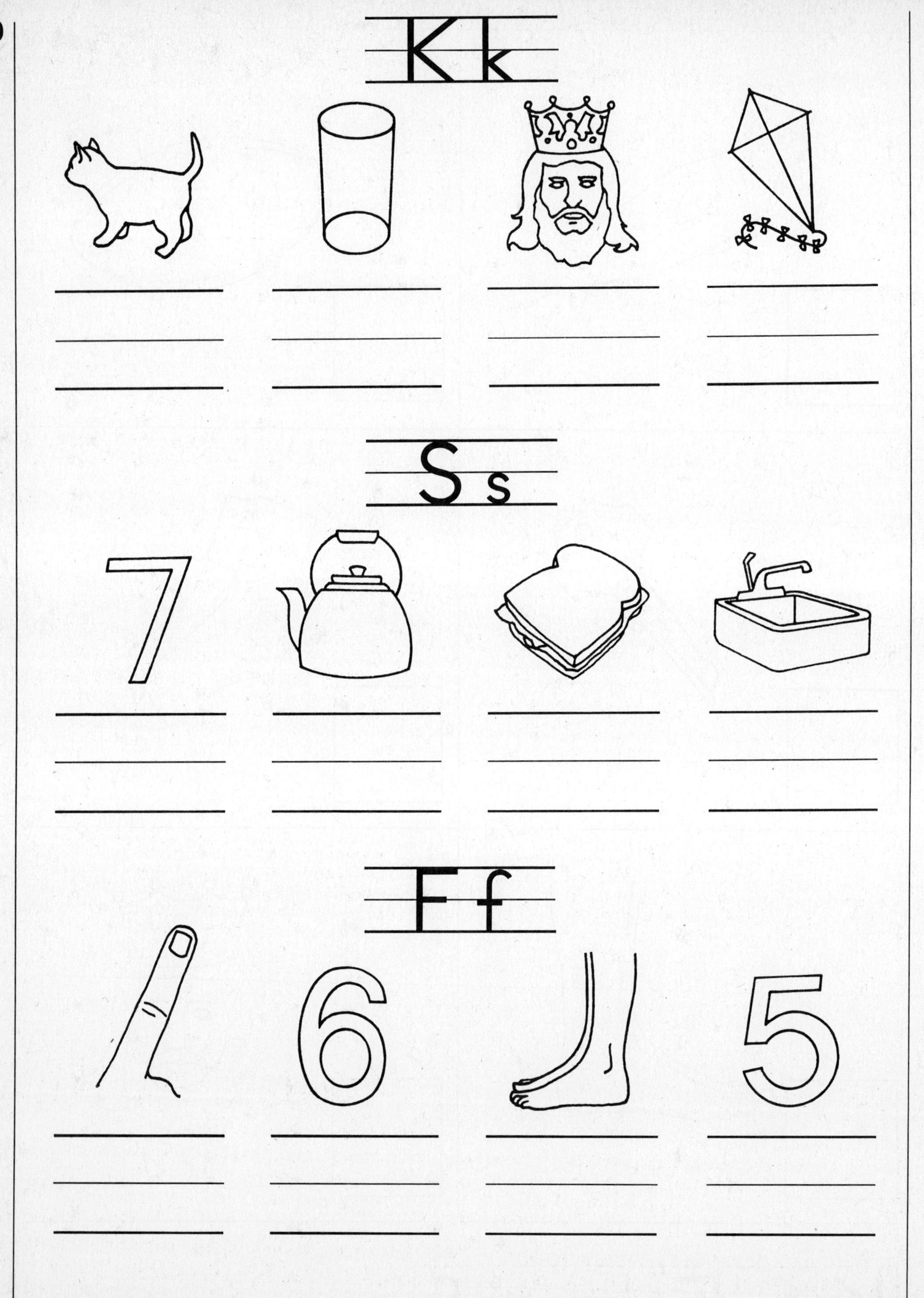

Kk
Ss
7
Ff
6
5

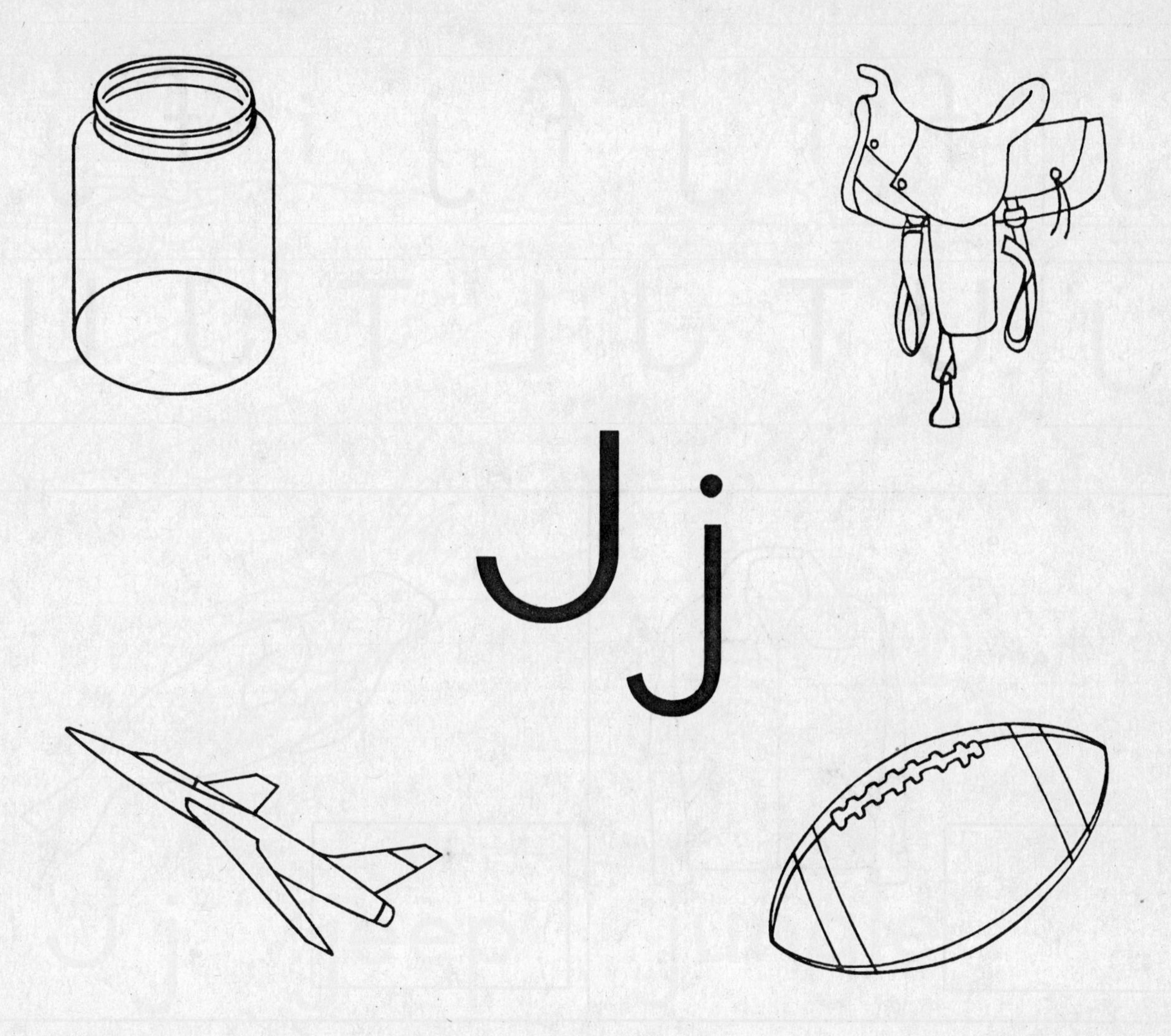
Jj

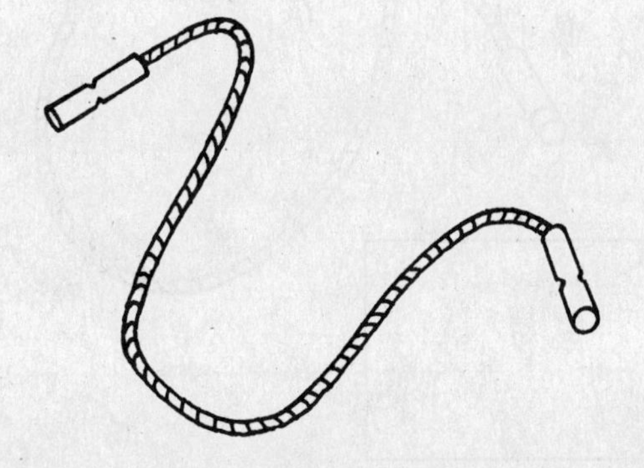

Take the spider through the web.

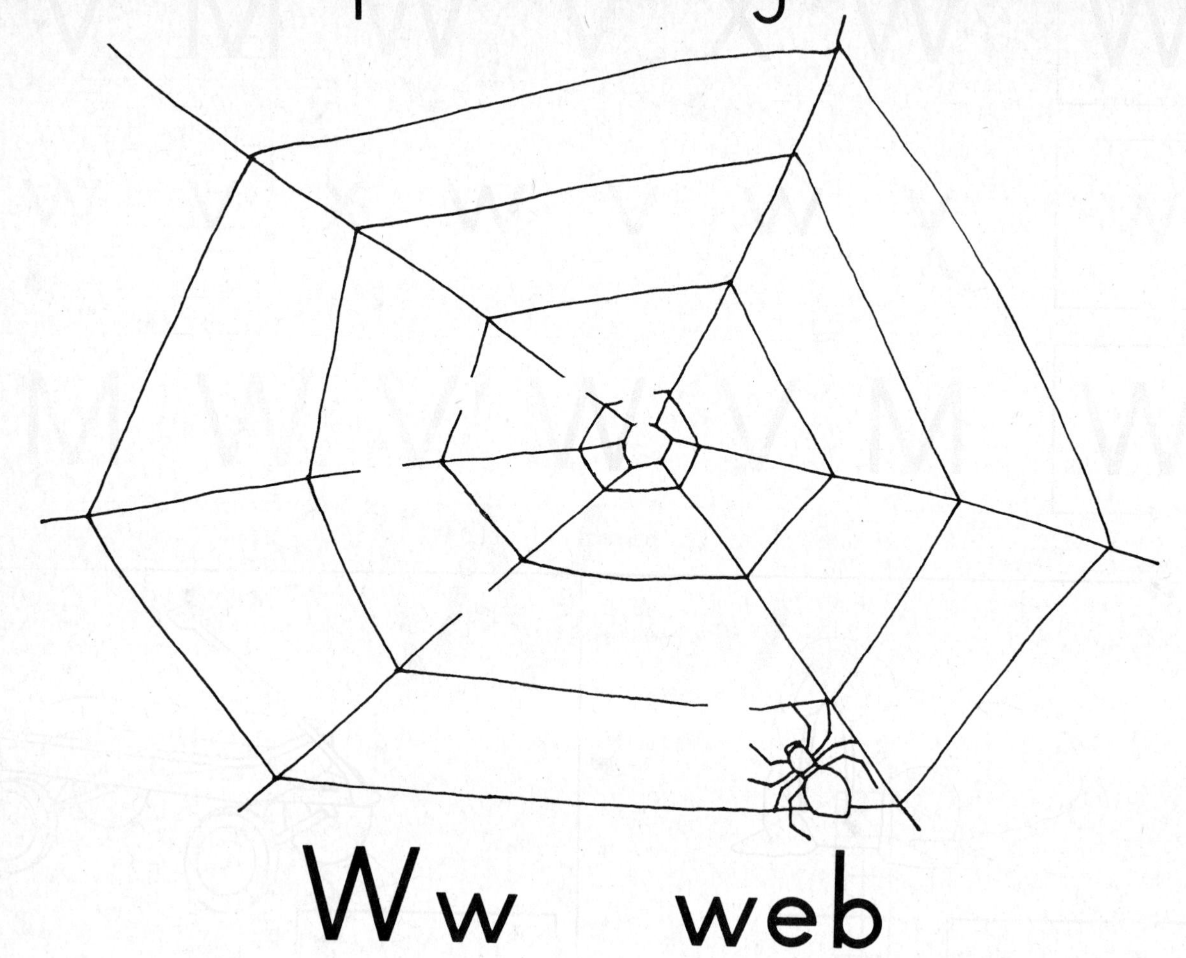

Ww web

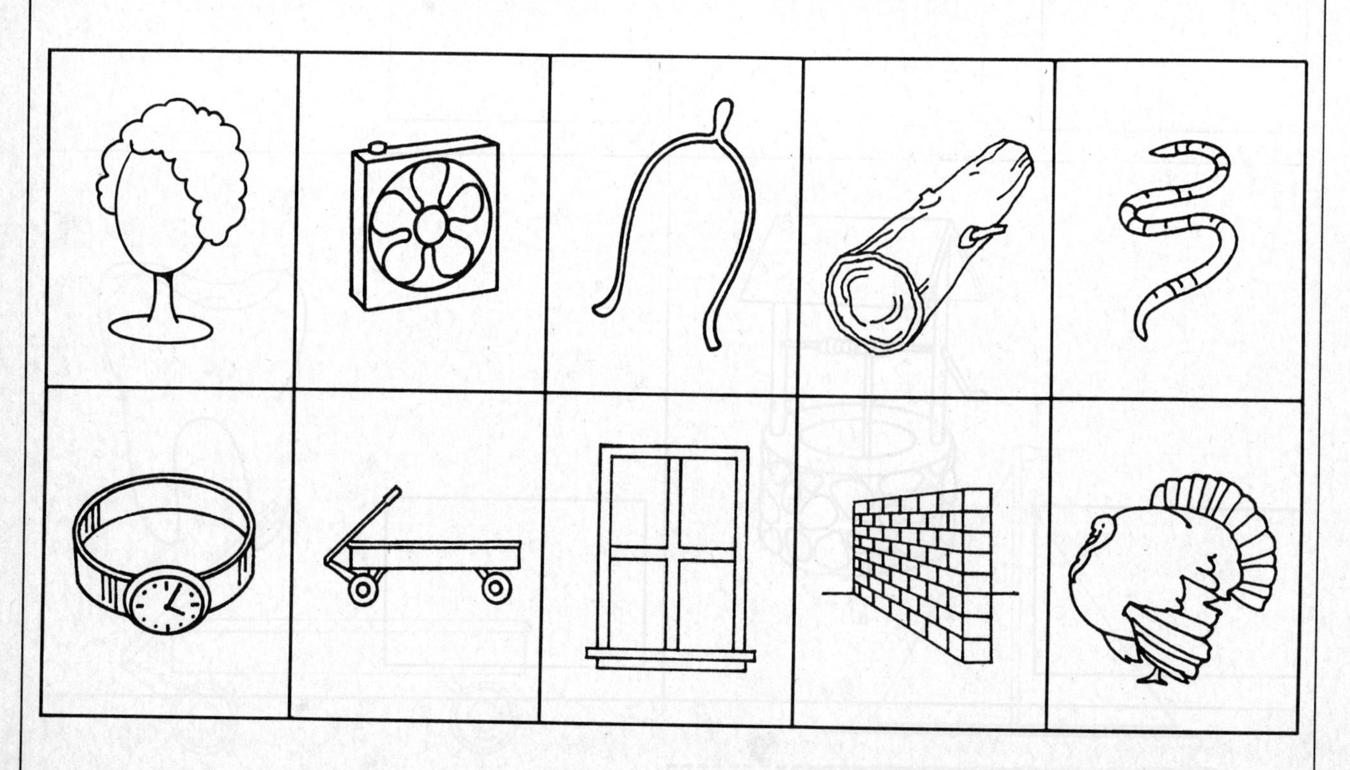

Ww

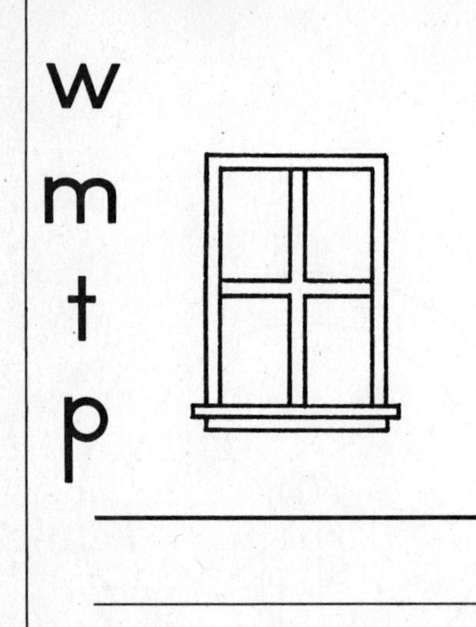

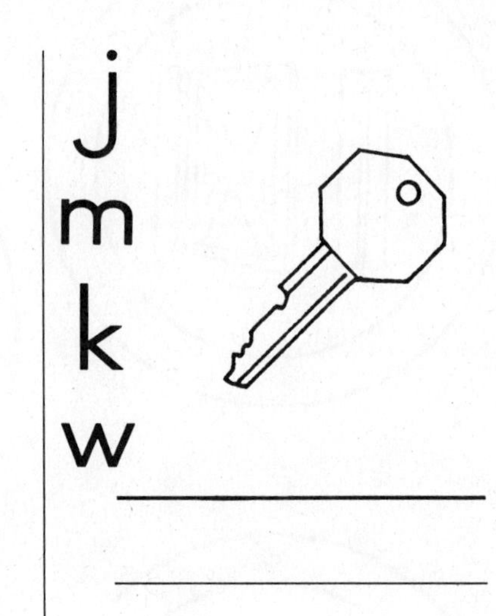

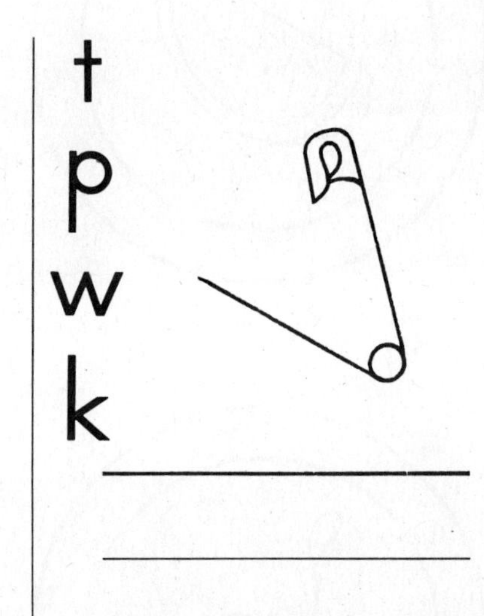

w
f
j
s

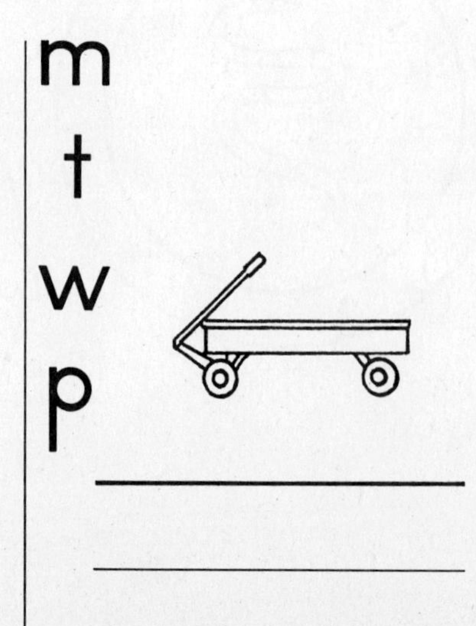

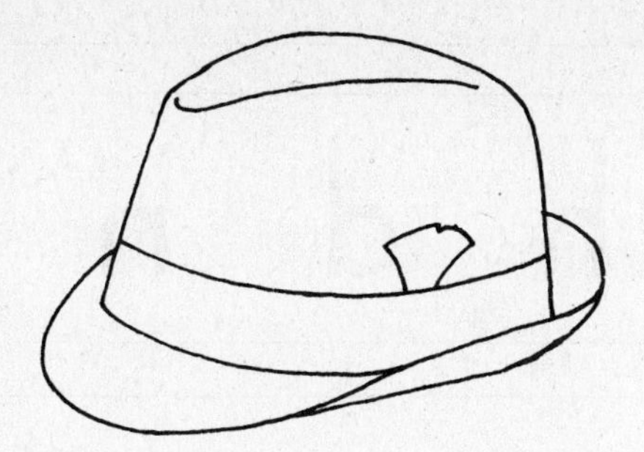

Hh

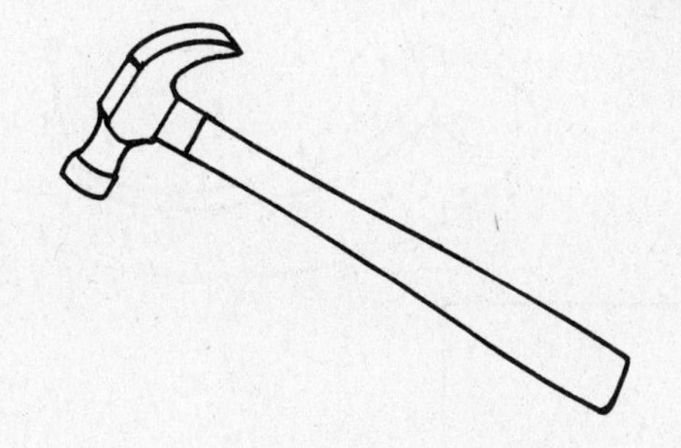

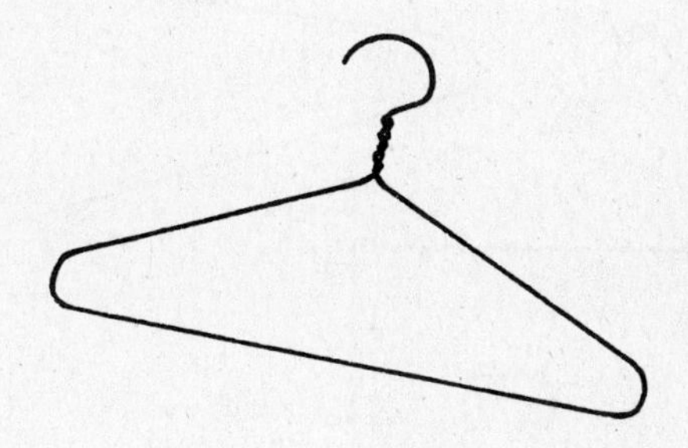

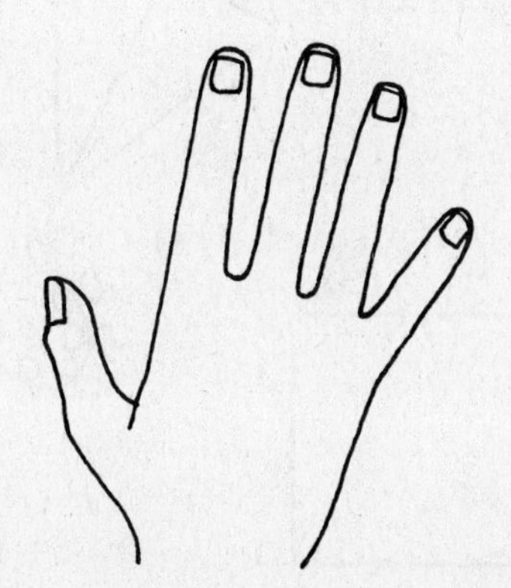

H N E H N H E

h n d h b h d n

H H L N H N H

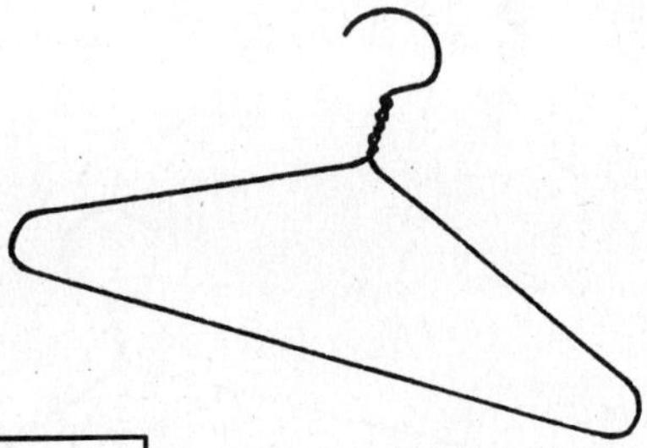

Hh Hh Hh

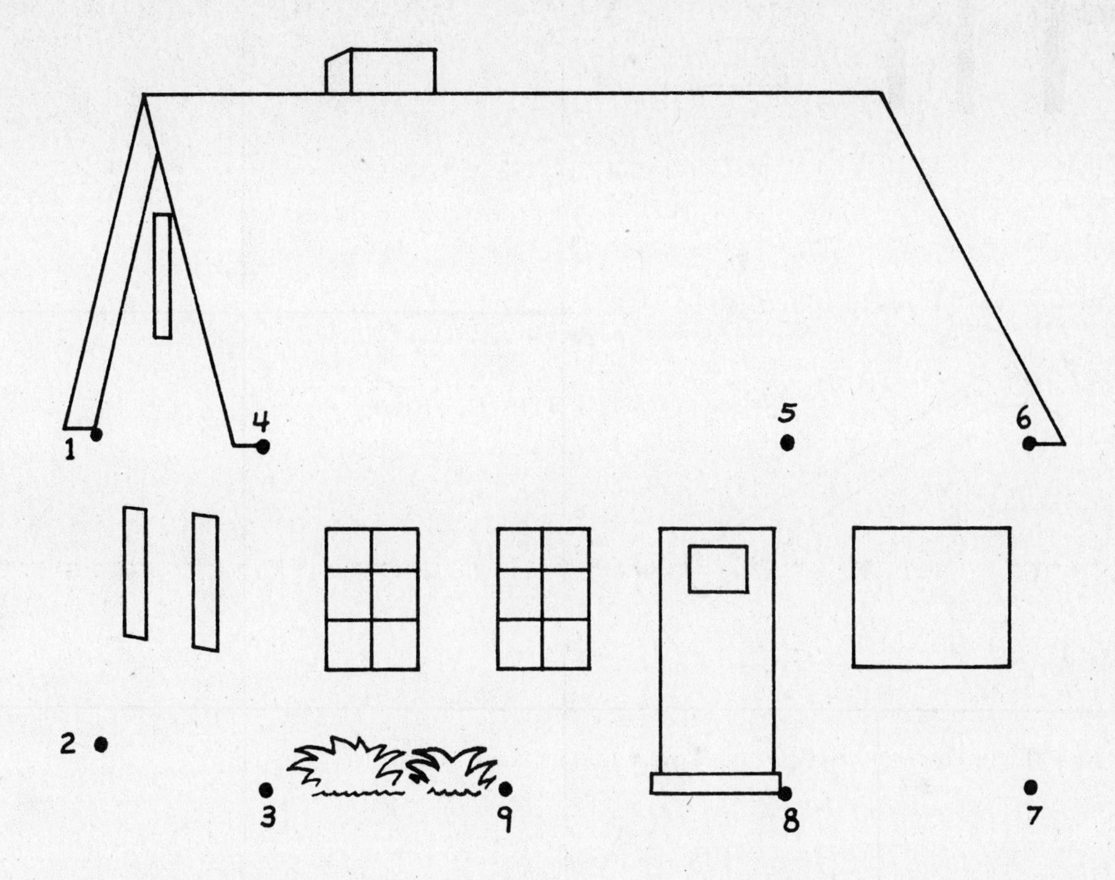

Hh house

H h

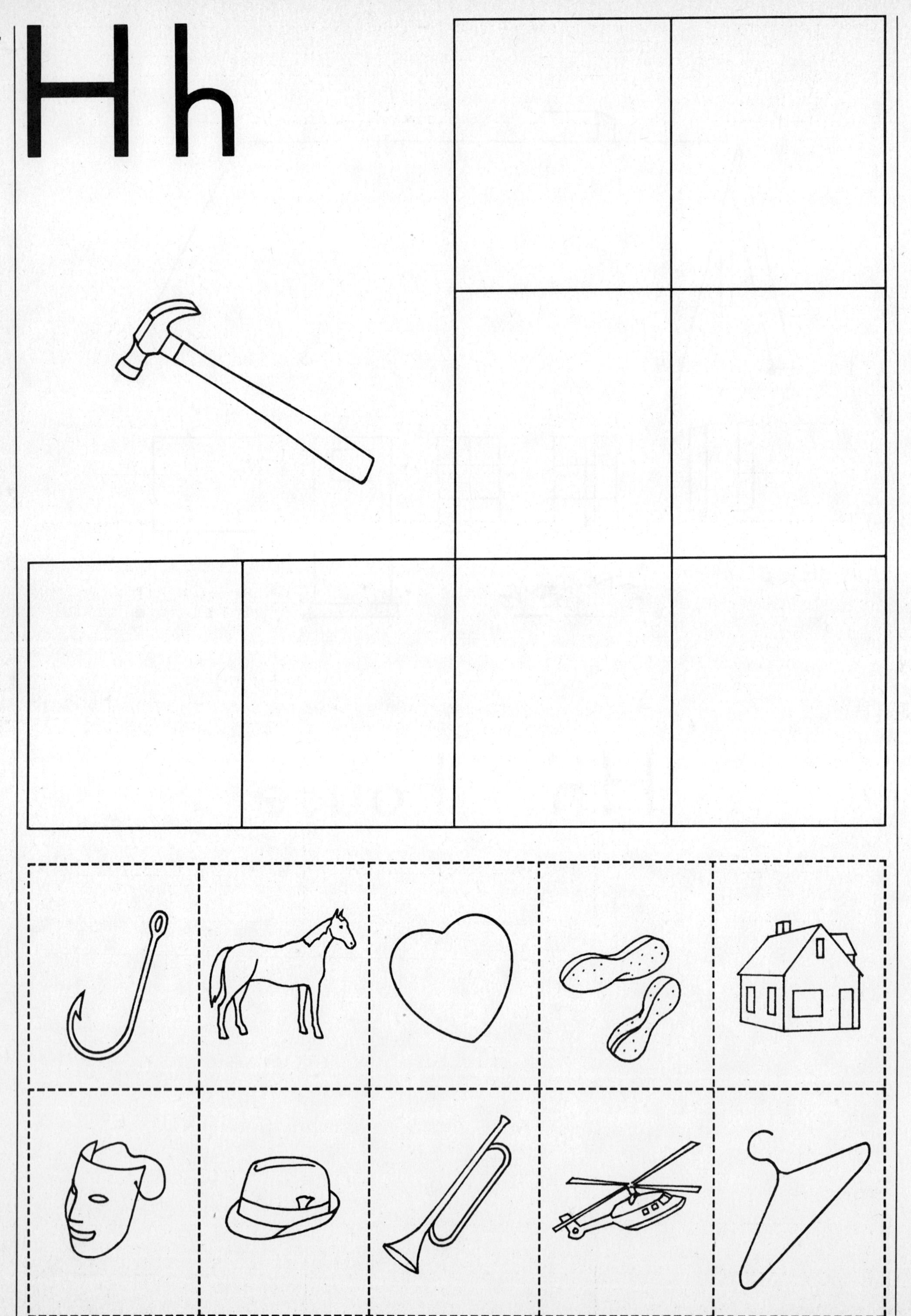

h
m h t p
w k s h
f w h j
h t m j
k h p s
h f w j
h m k w
k m f h
h f w j

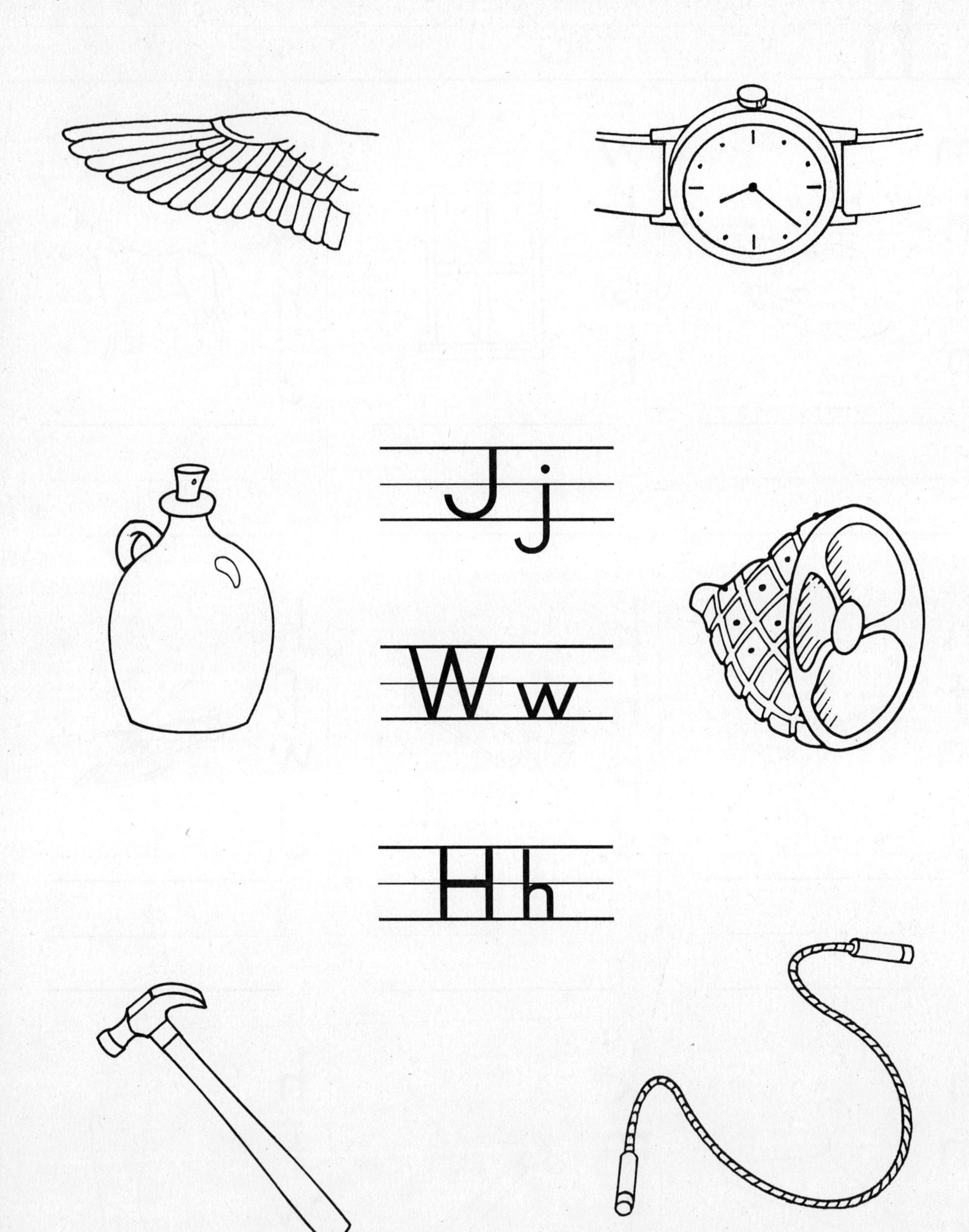
Jj
Ww
Hh

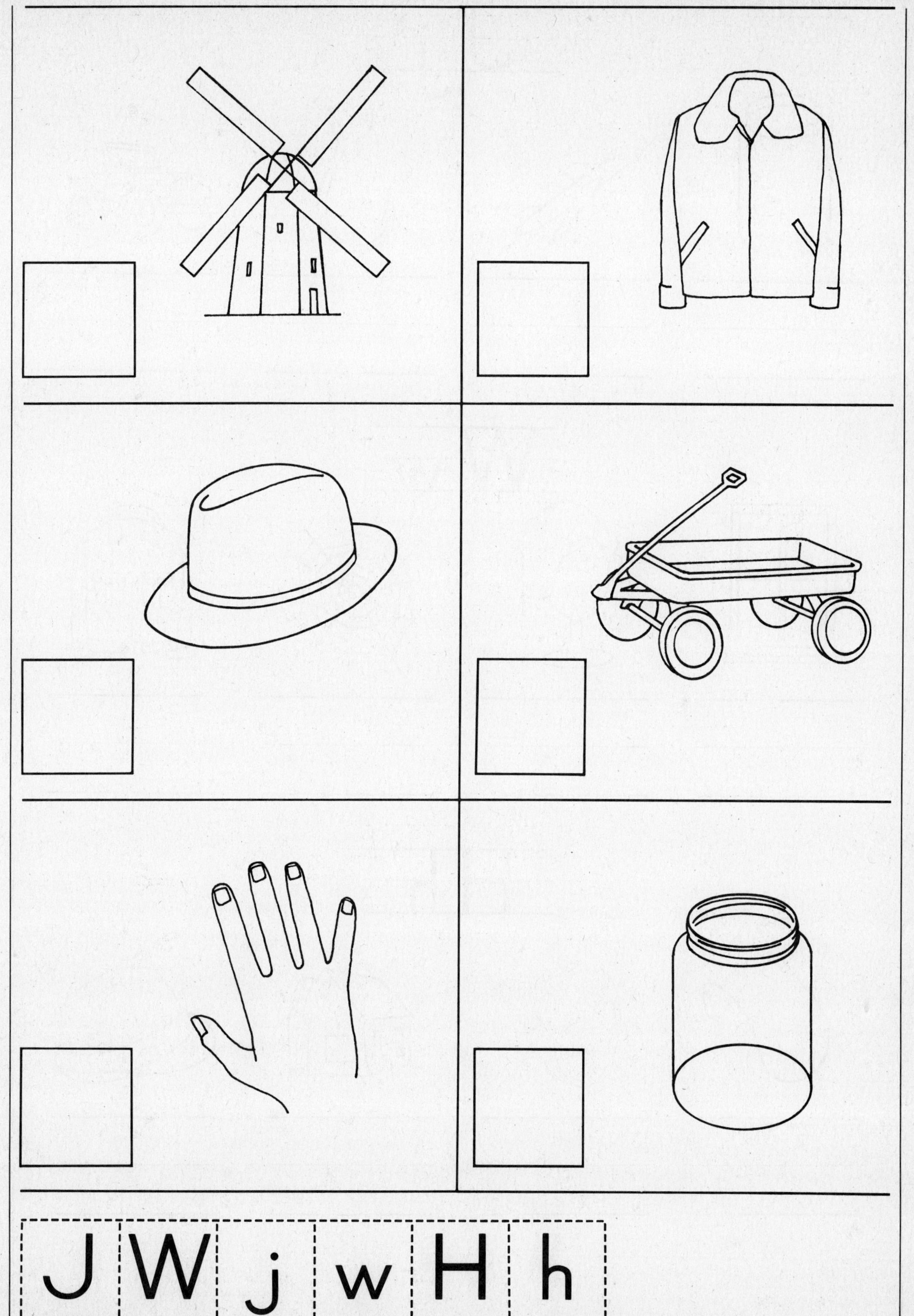
J
W
j
w
H
h

Jj
Ww
Hh

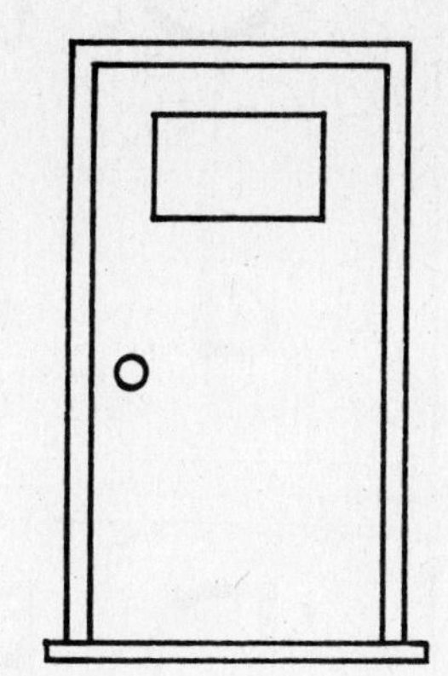

Dd

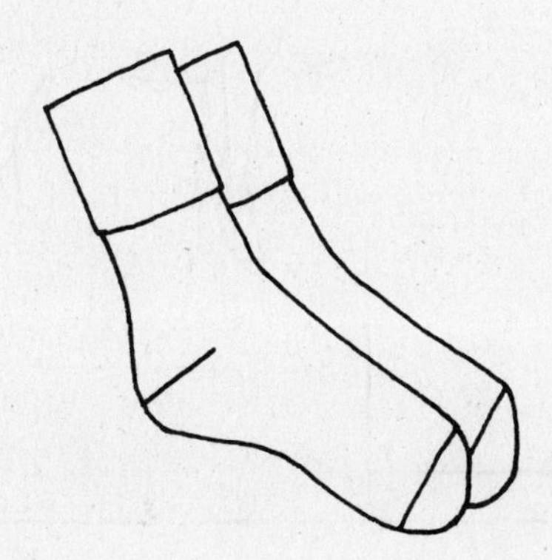

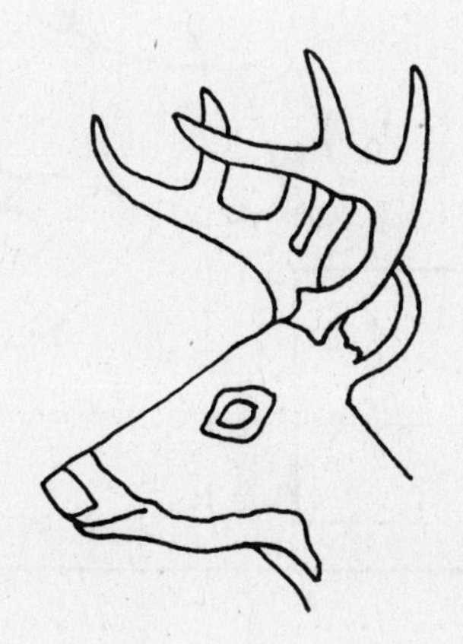

D O D P D O P D
d d b p d b d p
D D P O D P D O
Dd Dd Dd

Take the dog to the door.

Dd dog door

Dd

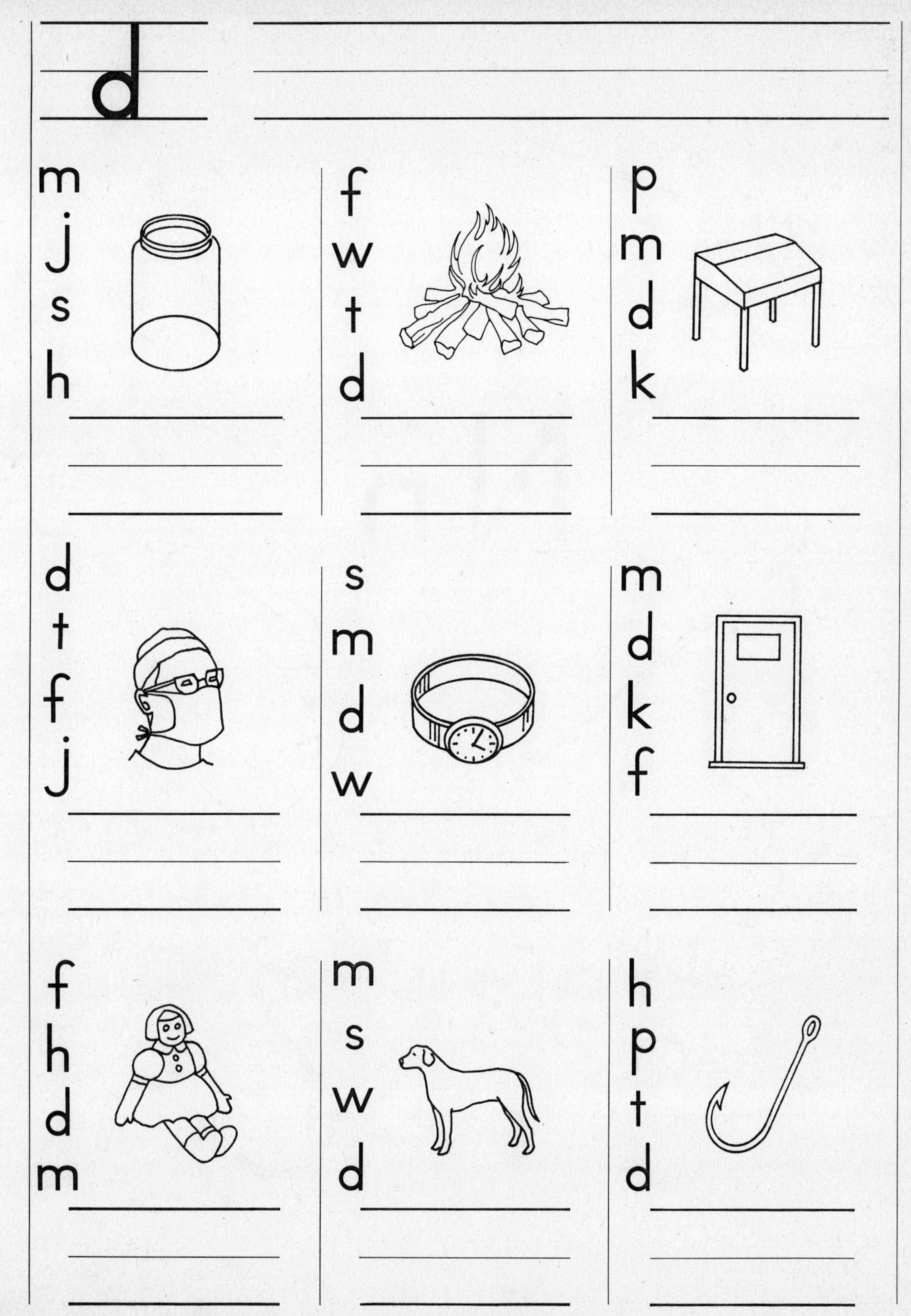
d
m
j
s
h
f
w
t
d
p
m
d
k
d
t
f
j
s
m
d
w
m
d
k
f
f
h
d
m
m
s
w
d
h
p
t
d

Nn

N N H M N H M

n u h n m n u n

N H N M N H U

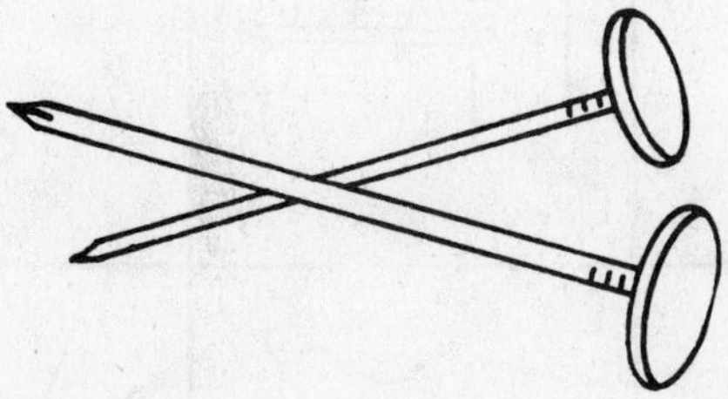

9

Nn Nn Nn

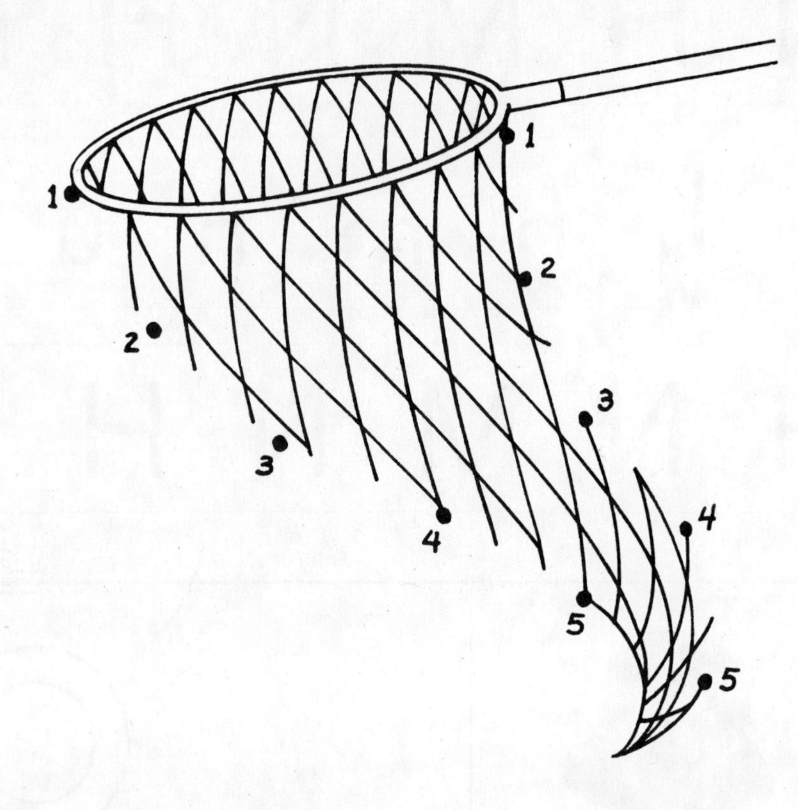

Nn net

Nn
9

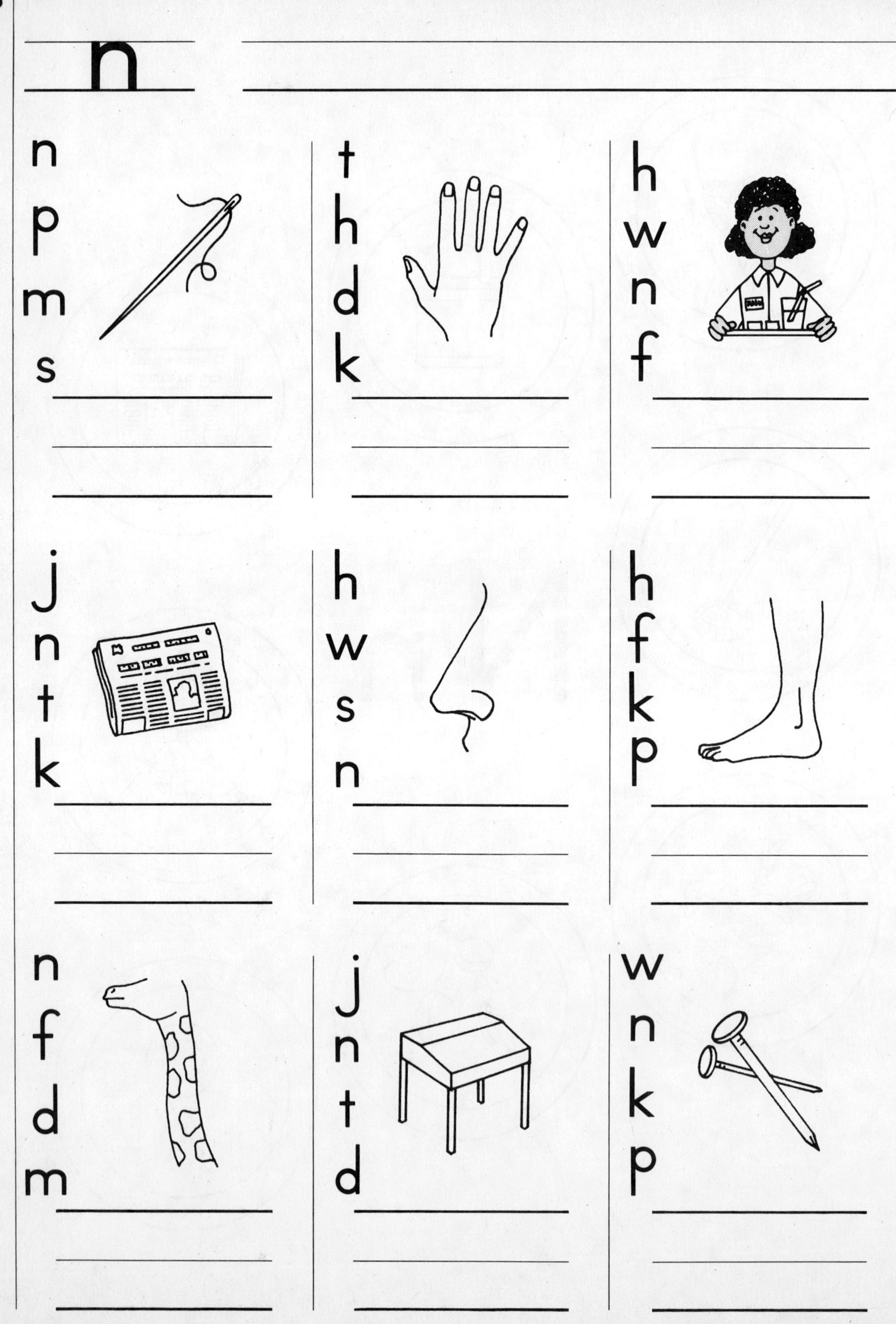
n
n p m s
t h d k
h w n f
j n t k
h w s n
h f k p
n f d m
j n t d
w n k p

Cc

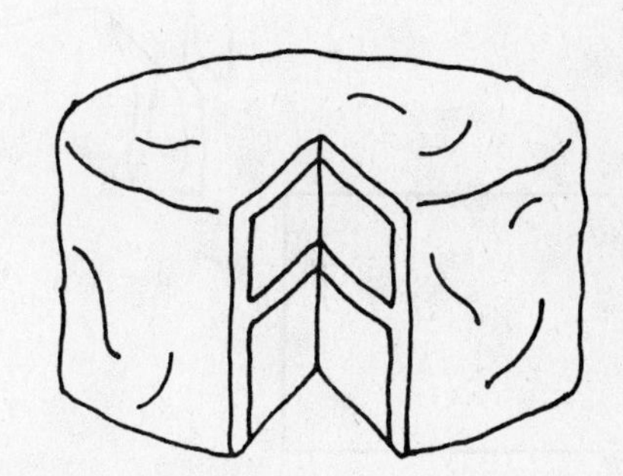

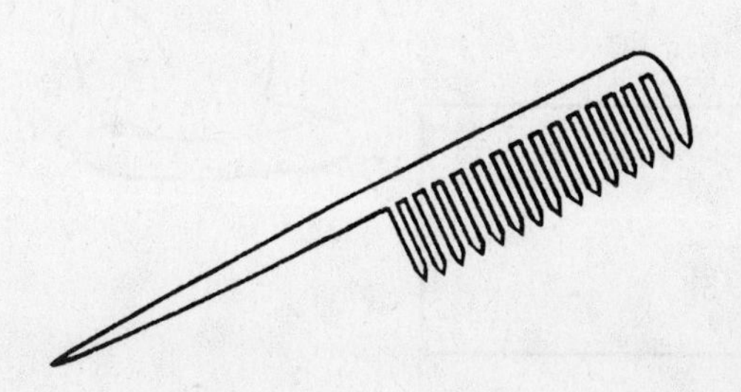

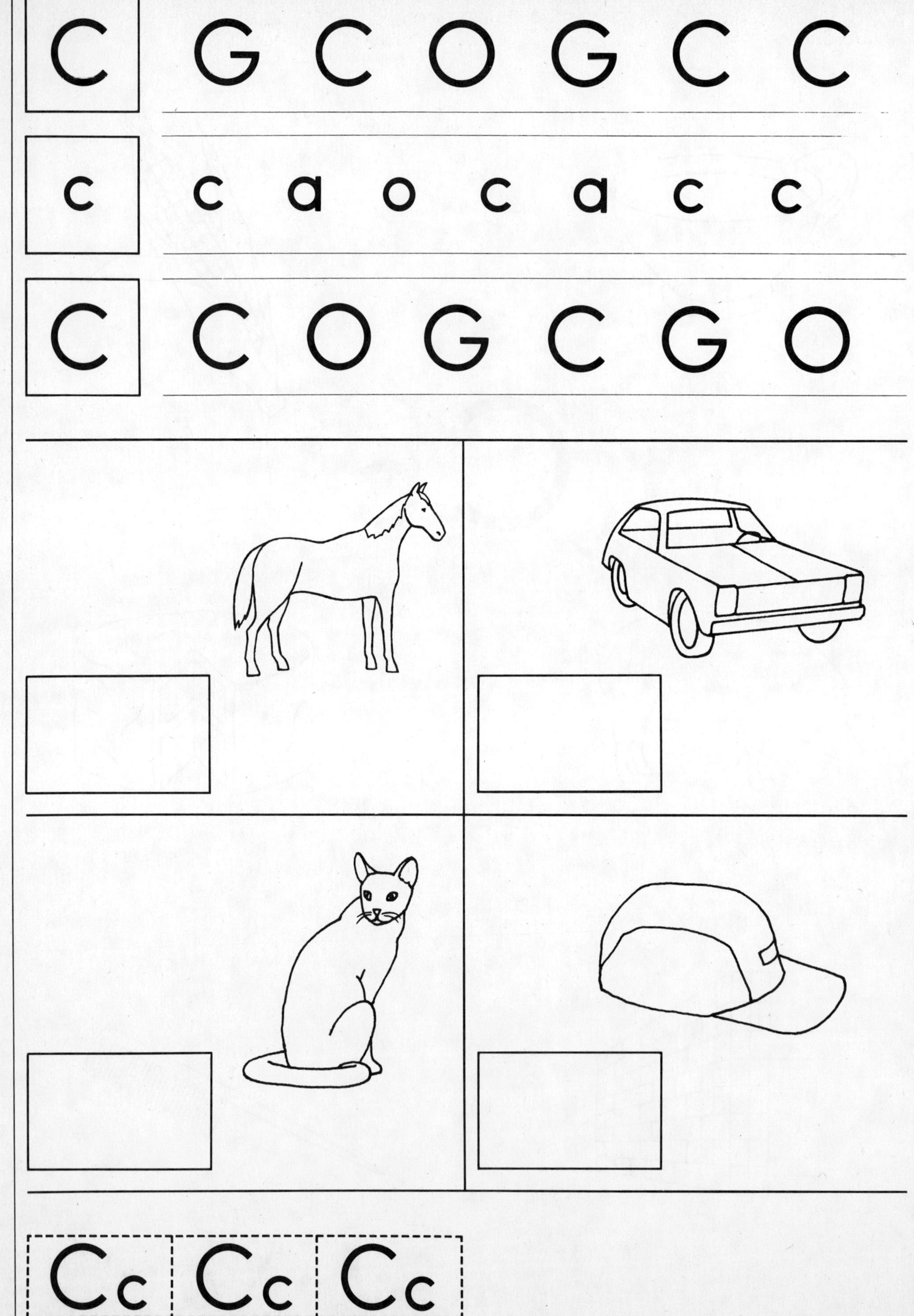
C G C O G C C
c c a o c a c c
C C O G C G O
Cc Cc Cc

Put the candles in the cake.

Cc cake candle

Cc

c

m
c
s
n

c
p
w
f

k
j
t
h

t
c
s
j

n
t
m
f

n
f
w
c

d
h
m
p

c
s
j
w

h
c
n
d

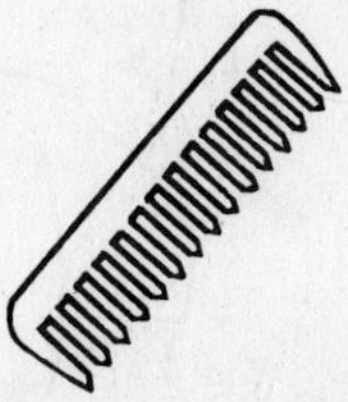

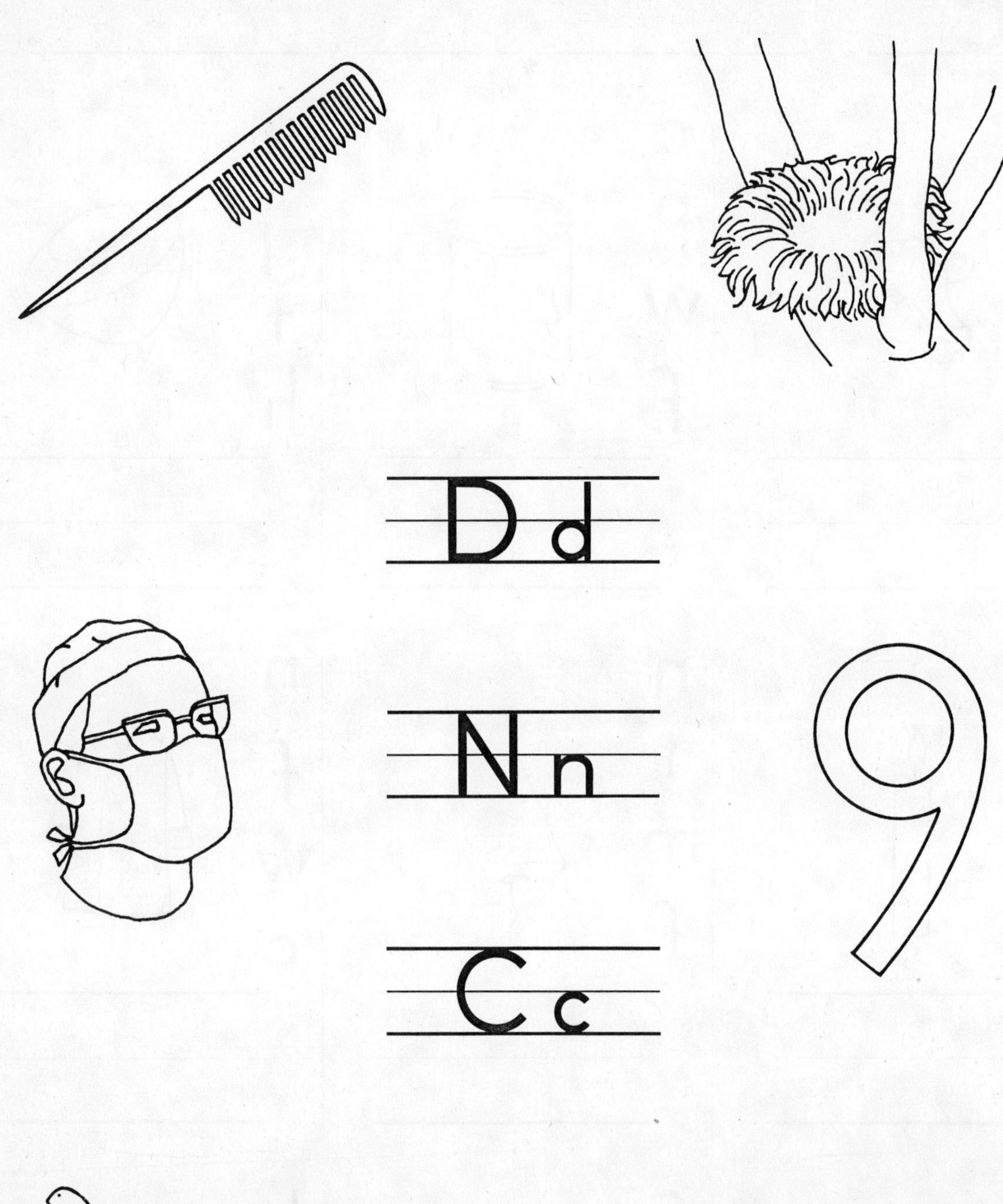
Dd
Nn
Cc

D d N n C c

Dd
Nn
Cc

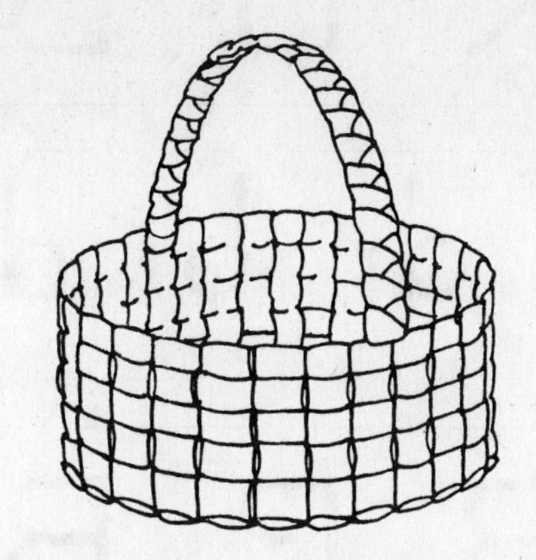

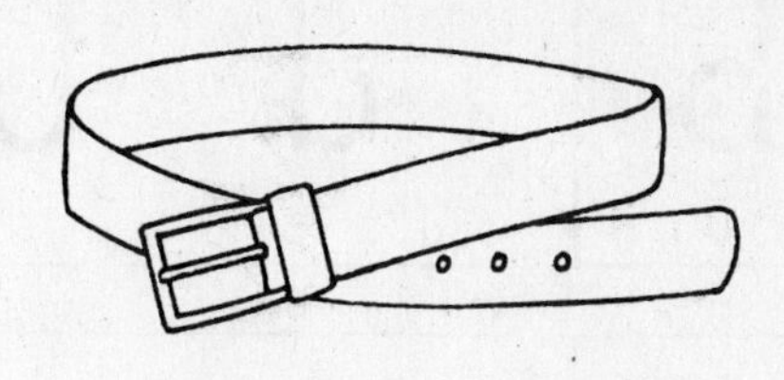

Bb

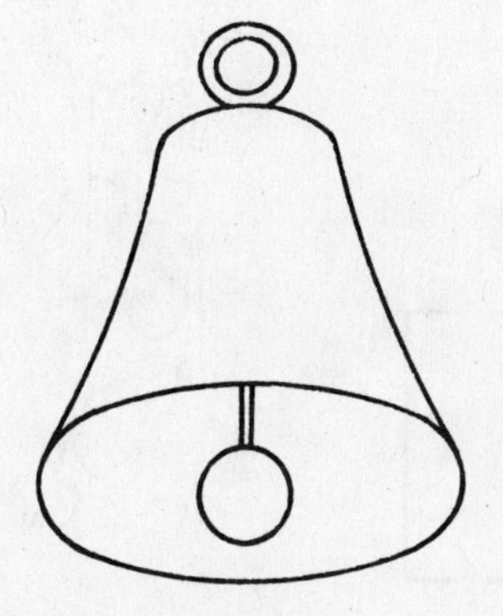

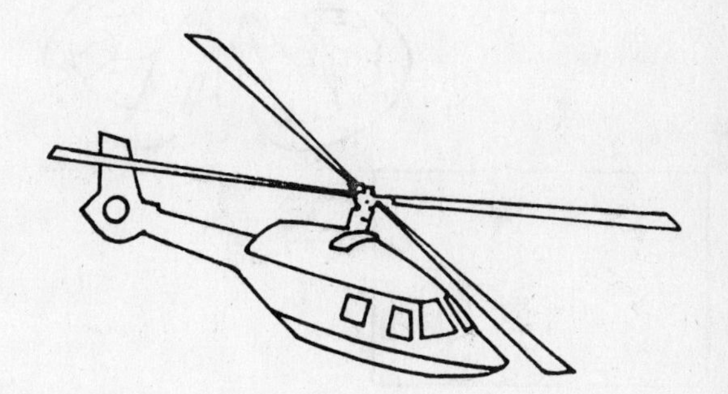

B R D B R B B
b d b p b d b d
B B R B B R B
Bb Bb Bb

Take the bat and ball to the boy.

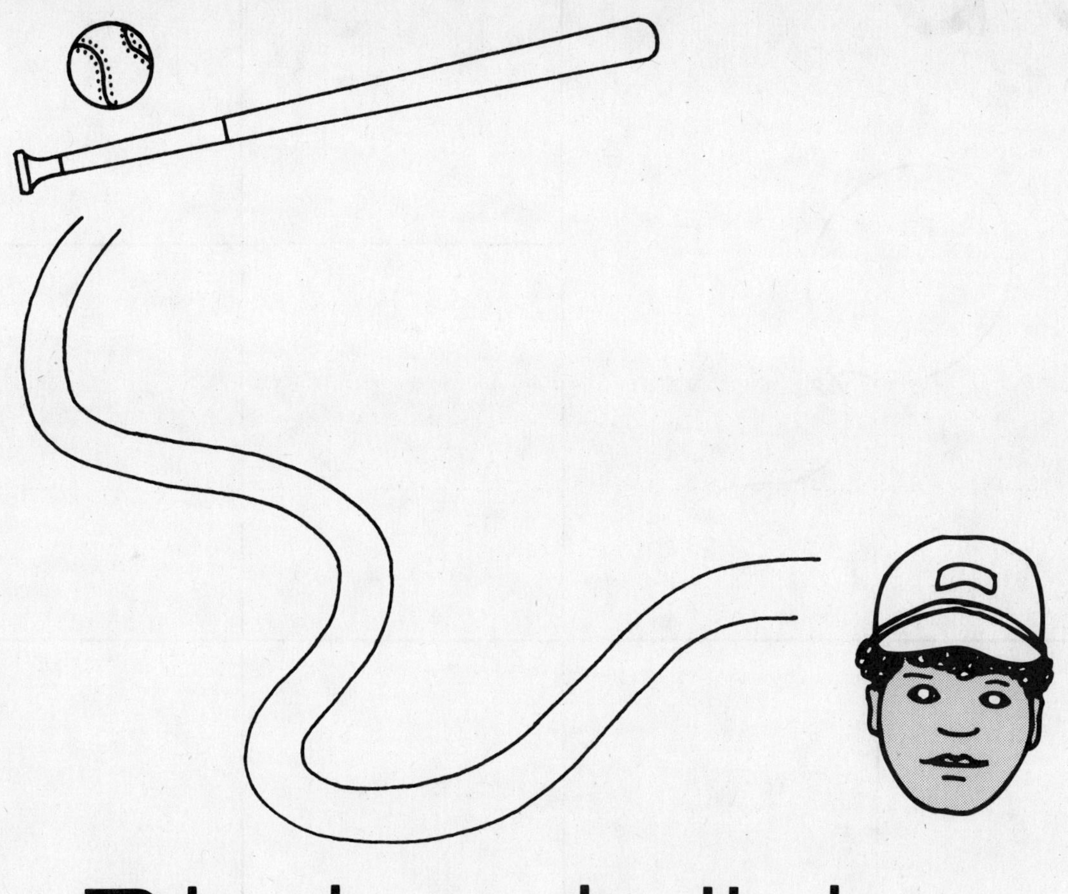

Bb bat ball boy

B b

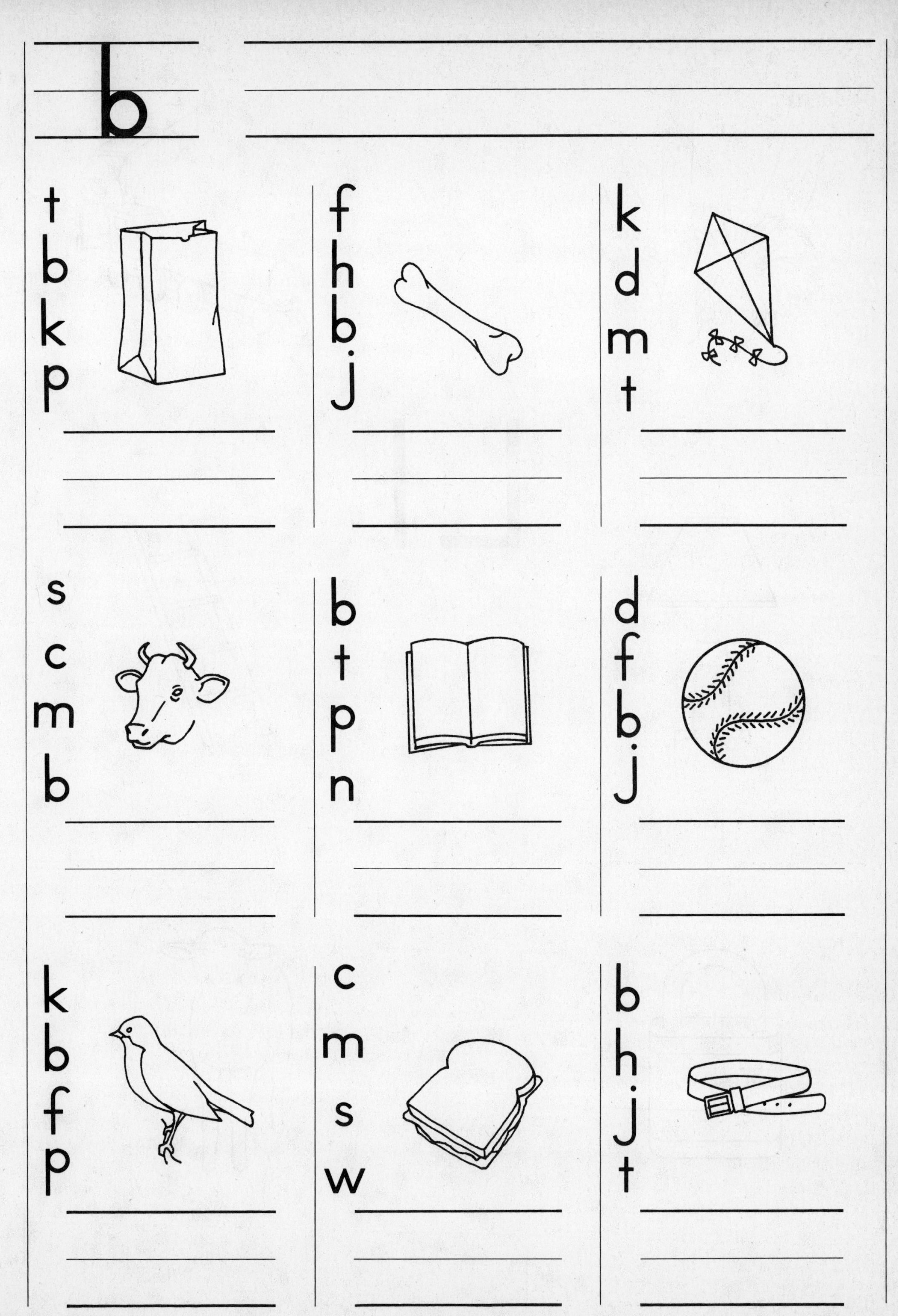
b
t
b
k
p
f
h
b
j
k
d
m
t
s
c
m
b
b
t
p
n
d
f
b
j
k
b
f
p
c
m
s
w
b
h
j
t

Ll

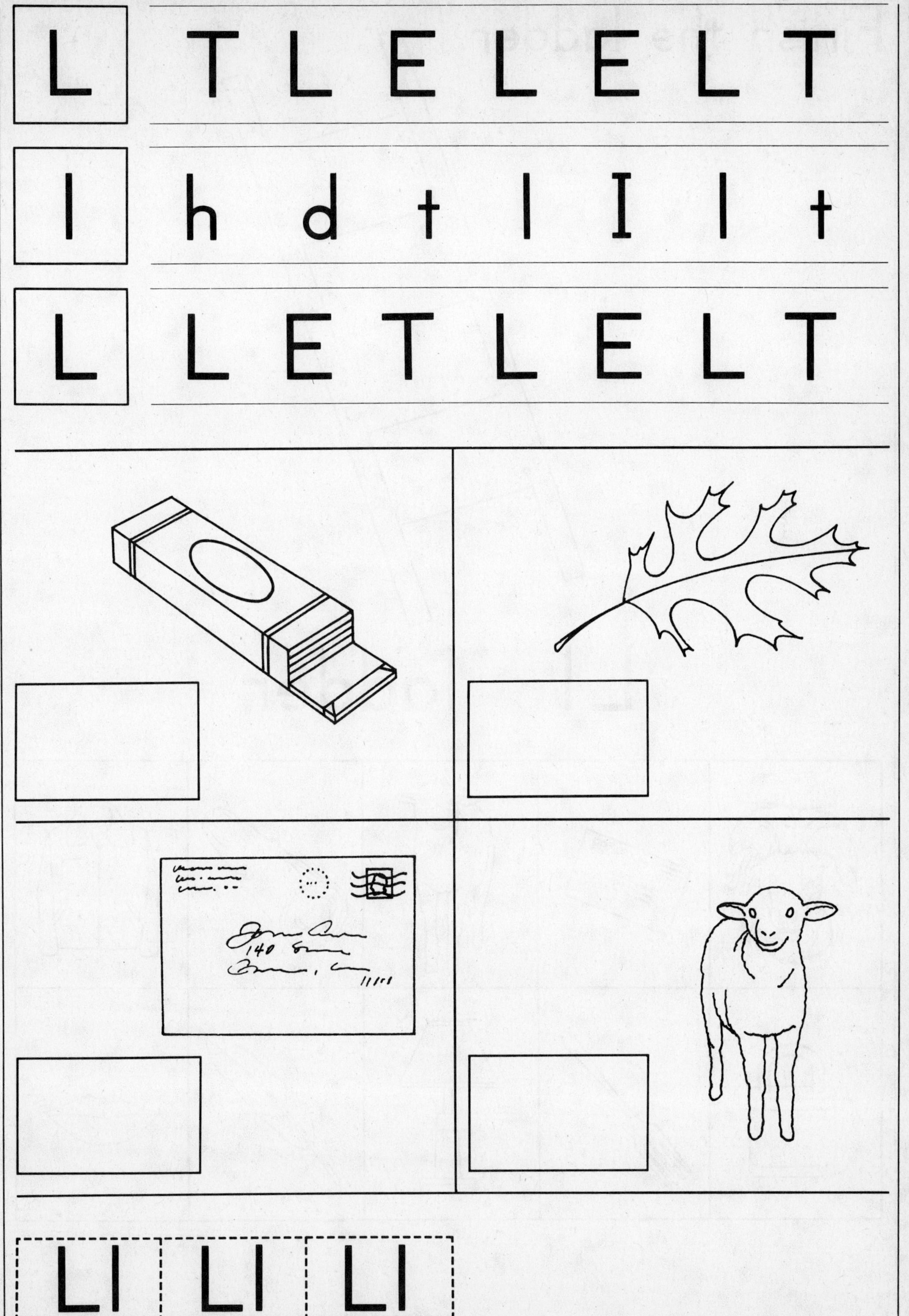
L
T L E L E L T
l
h d t l I l t
L
L E T L E L T
Ll Ll Ll

Finish the ladder.

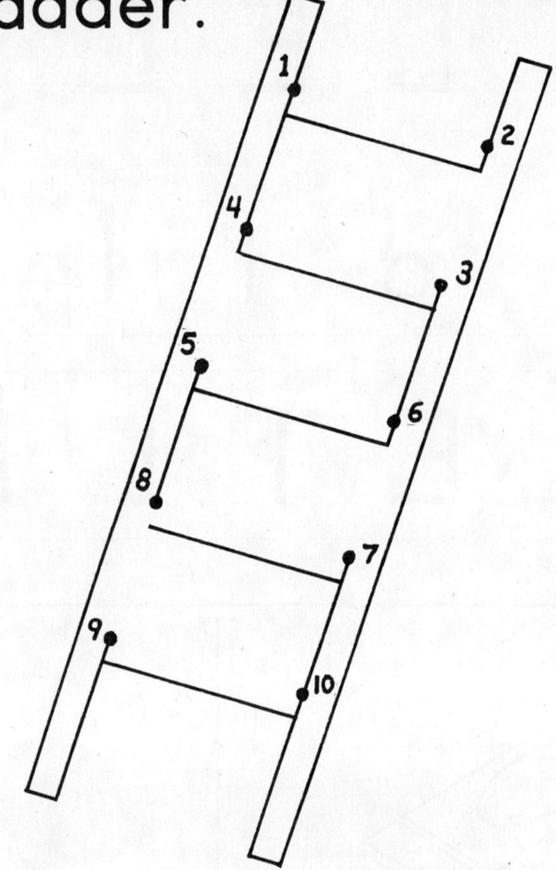

Ll ladder

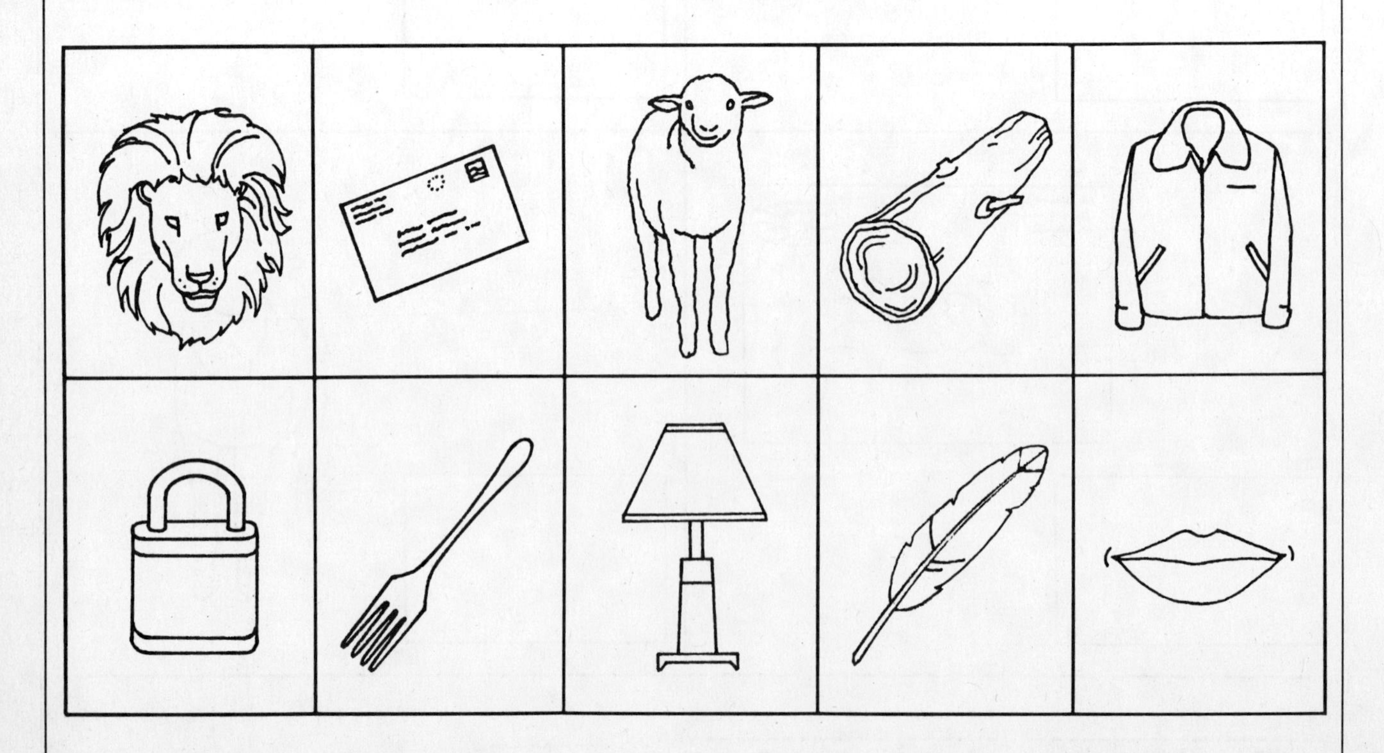

Ll

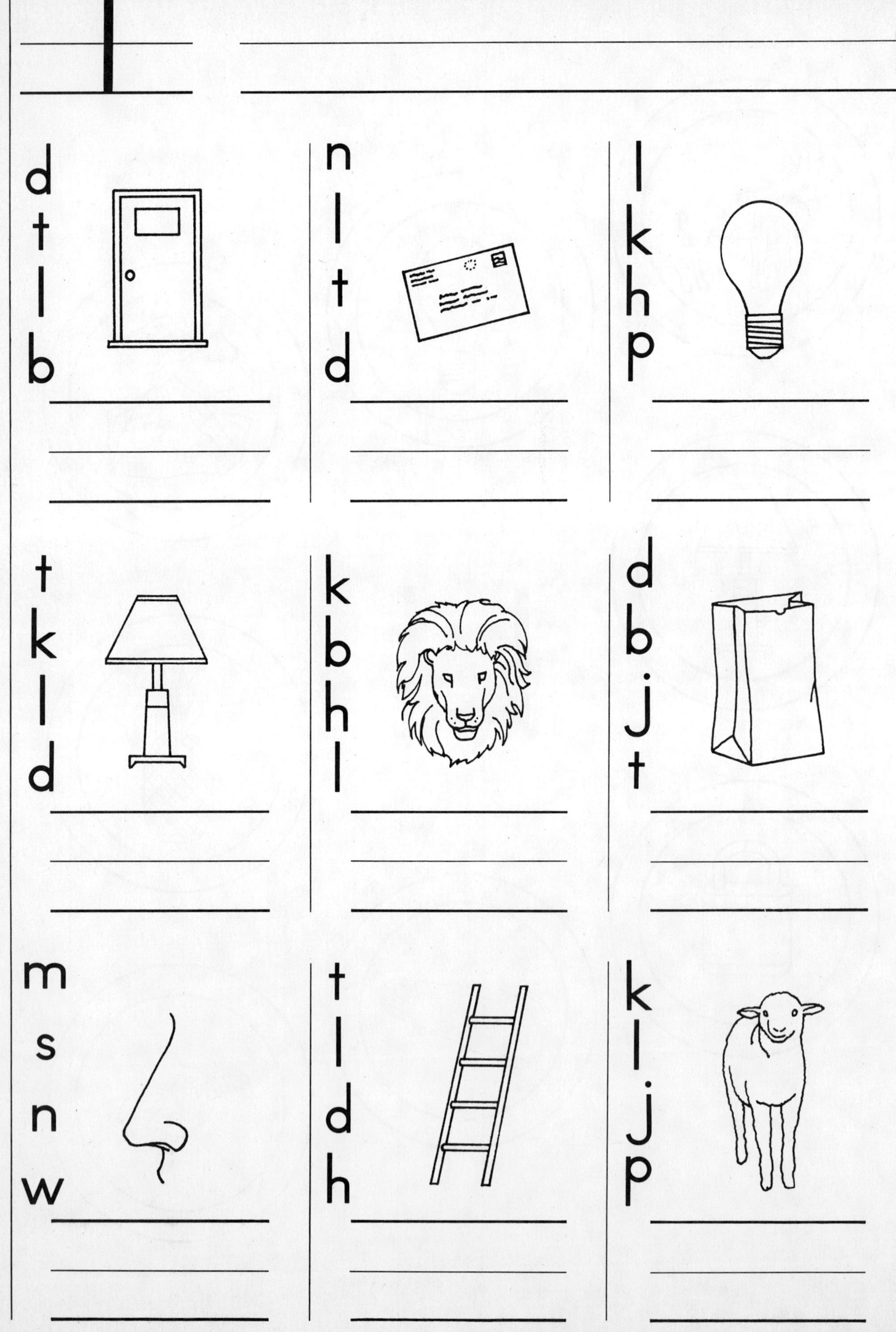
d t l b
n l t d
l k h p
t k l d
k b h l
d b j t
m s n w
t l d h
k l j p

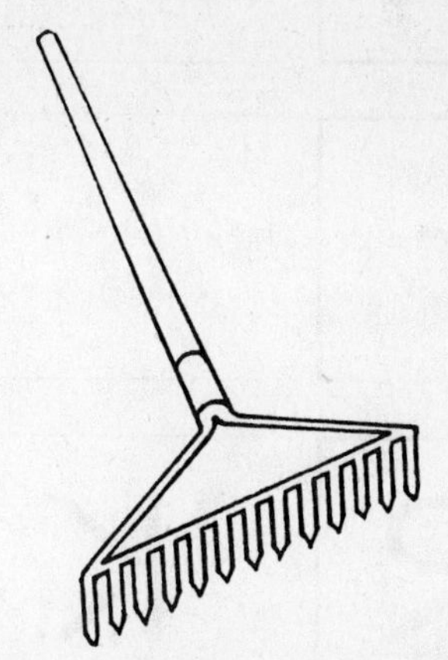

Rr

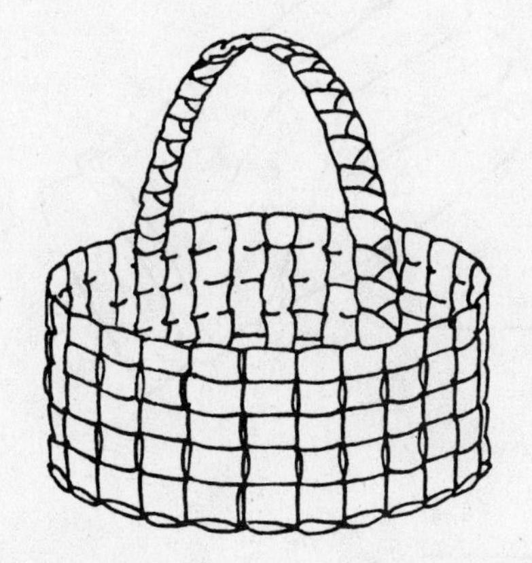

R P K R B R K R

r r n i r a r n r

R K B R P K R R

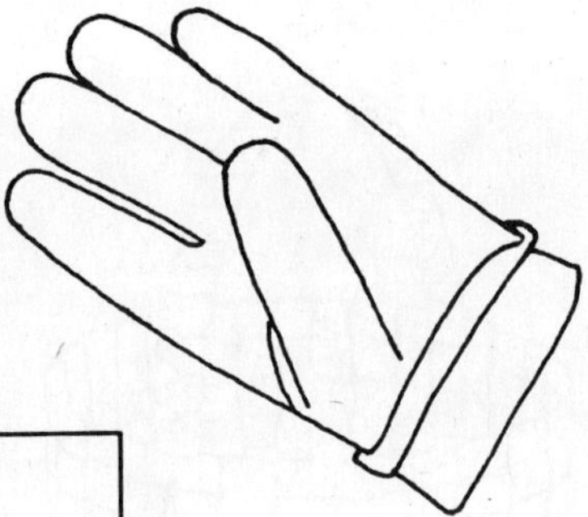

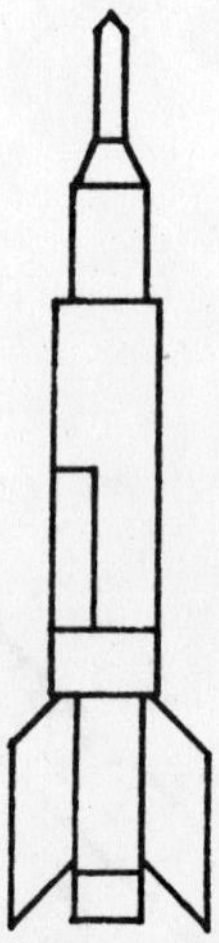

Rr Rr Rr

Color the rainbow after the rain.

Rr rain rainbow

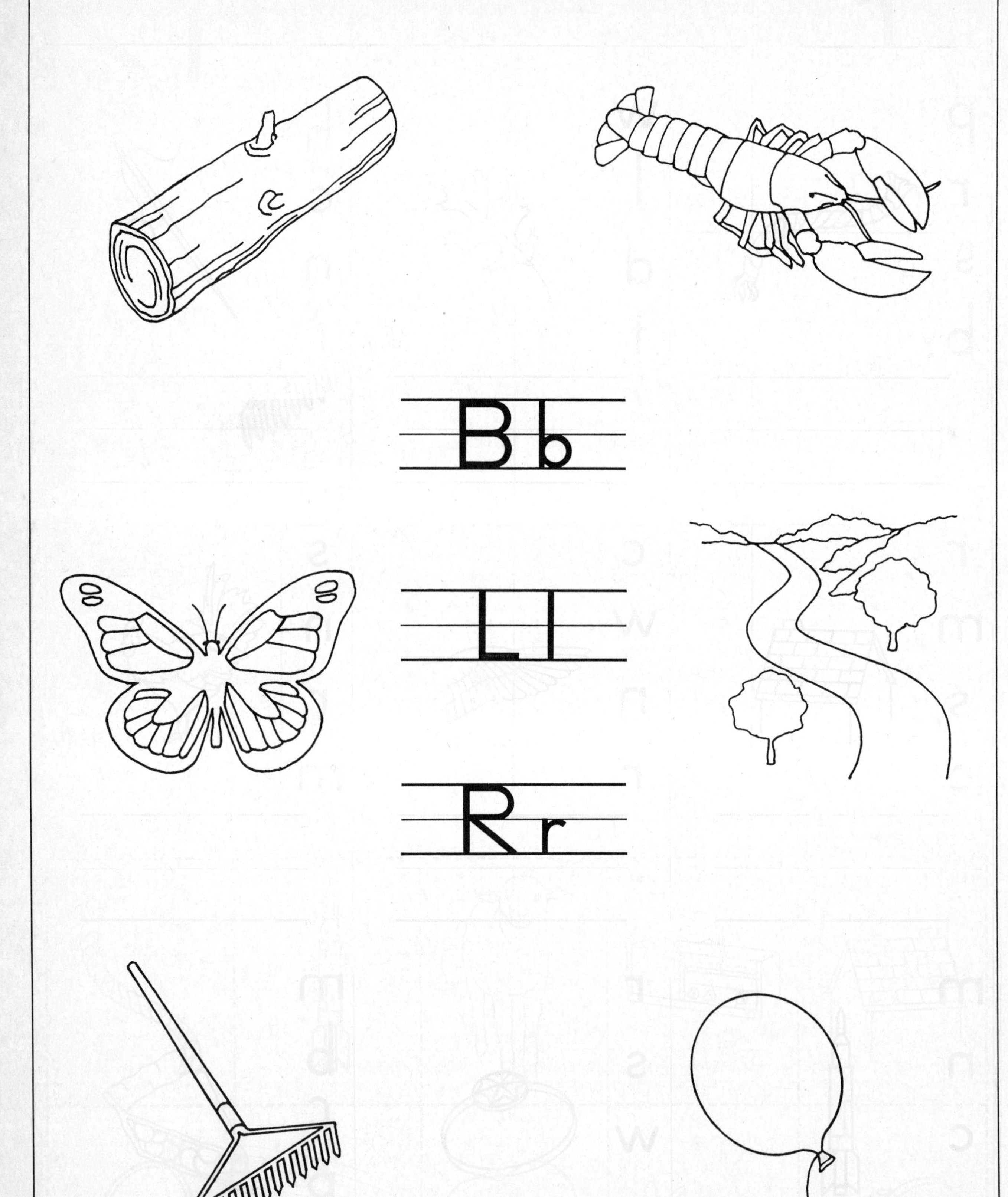
Bb
Ll
Rr

B b L l R r

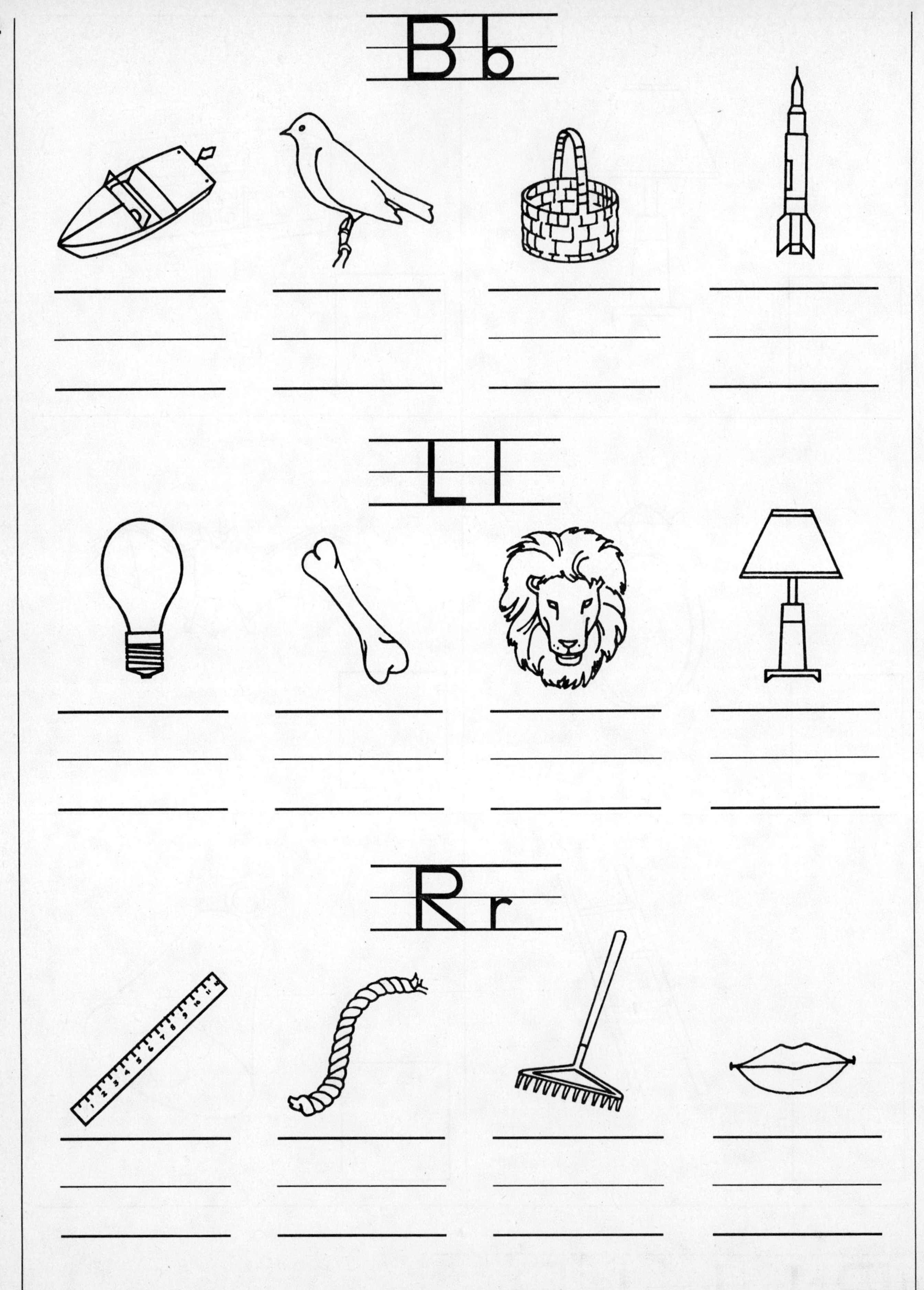

Bb
Ll
Rr

Gg
HOME

G C G D G C G
g q q g p g p g
G D C G C G D
Gg Gg Gg

Gg goat

Gg

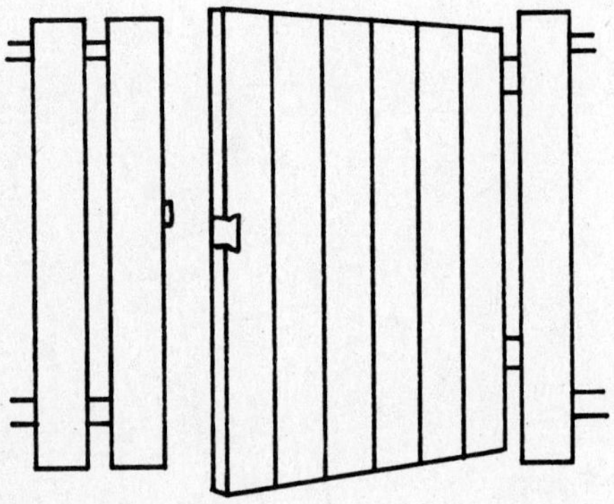

2

g

w
g
t
b

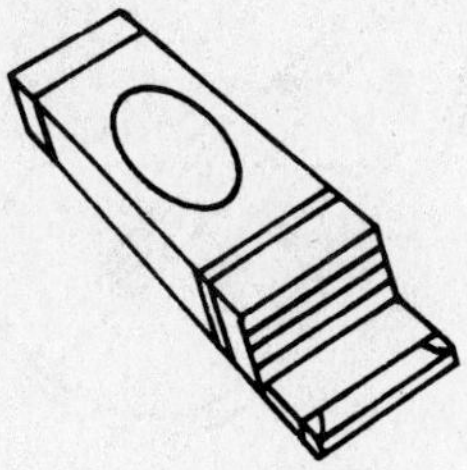

b
h
t
g

d
g
n
k

g
d
c
m

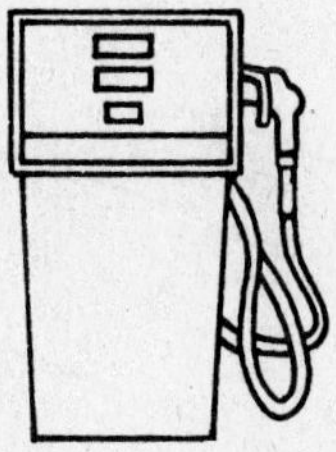

w
t
l
g

g
t
k
n

t
f
c
r

p
s
g
v

b
g
w
s

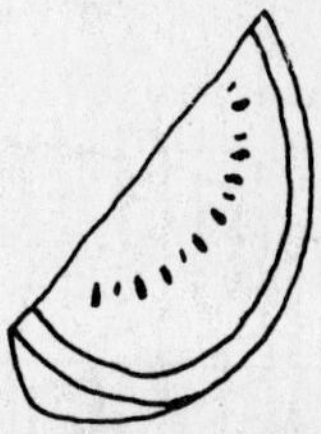

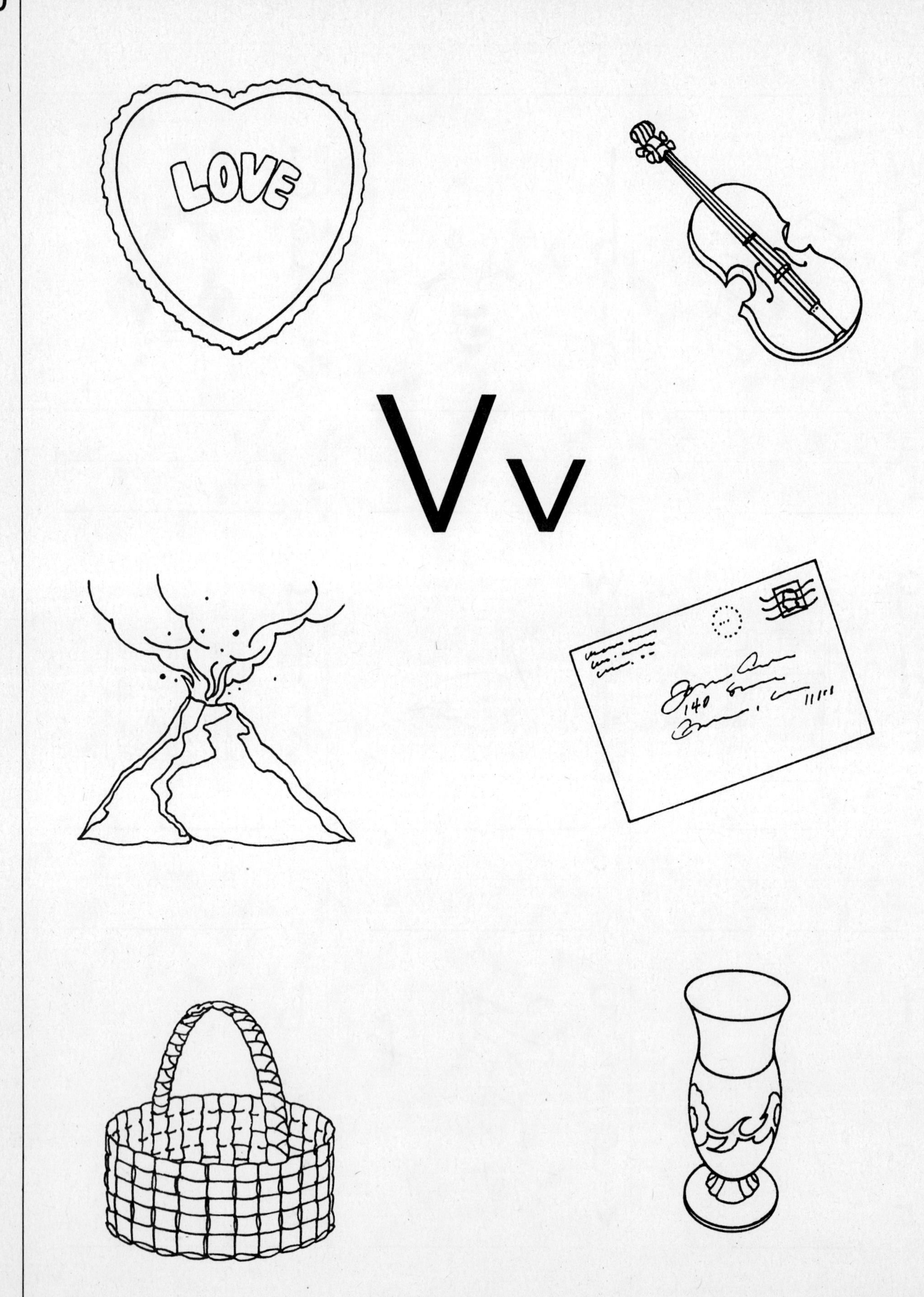
LOVE
Vv

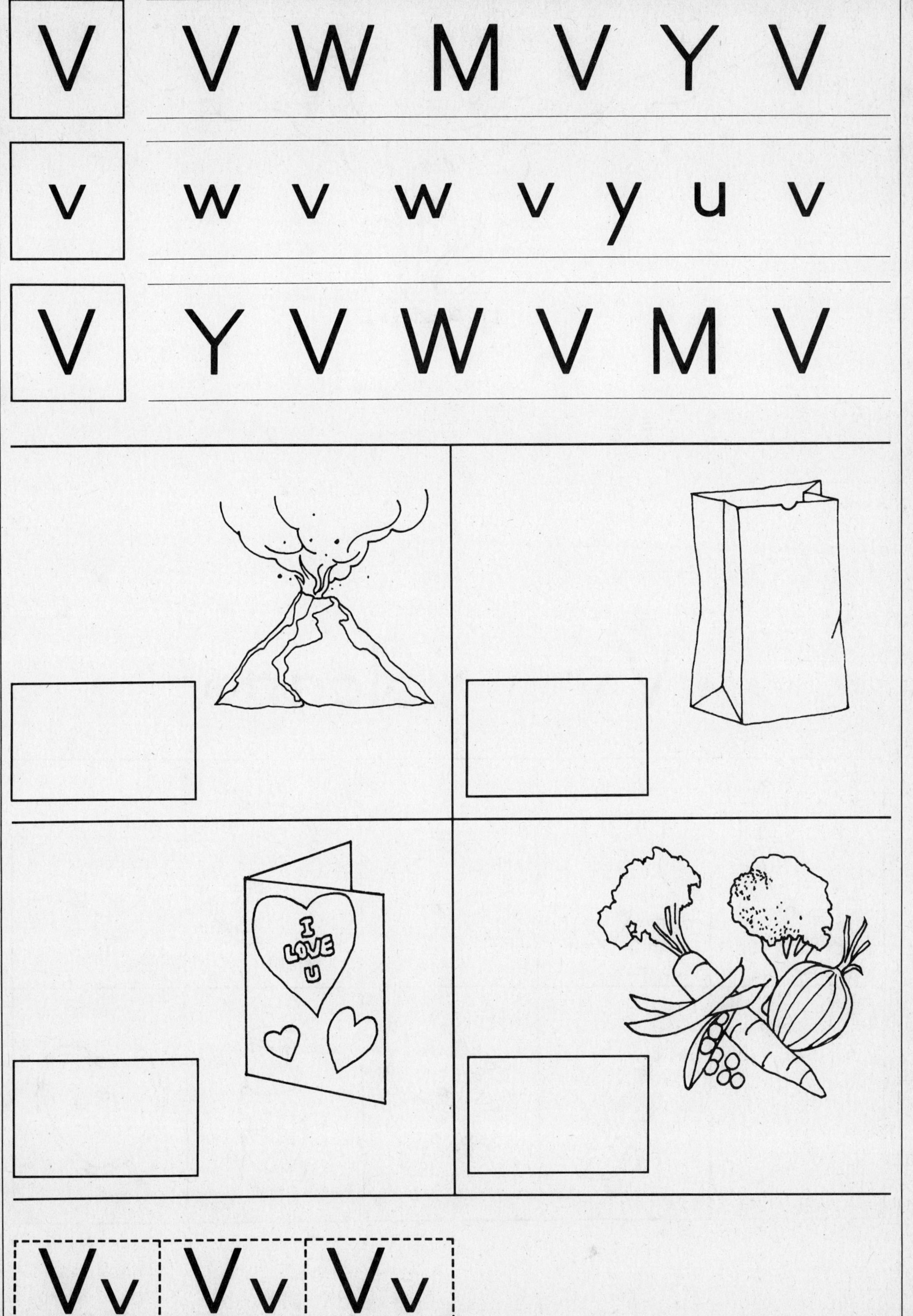
V V W M V Y V
v w v w v y u v
V Y V W V M V
I LOVE U
Vv Vv Vv

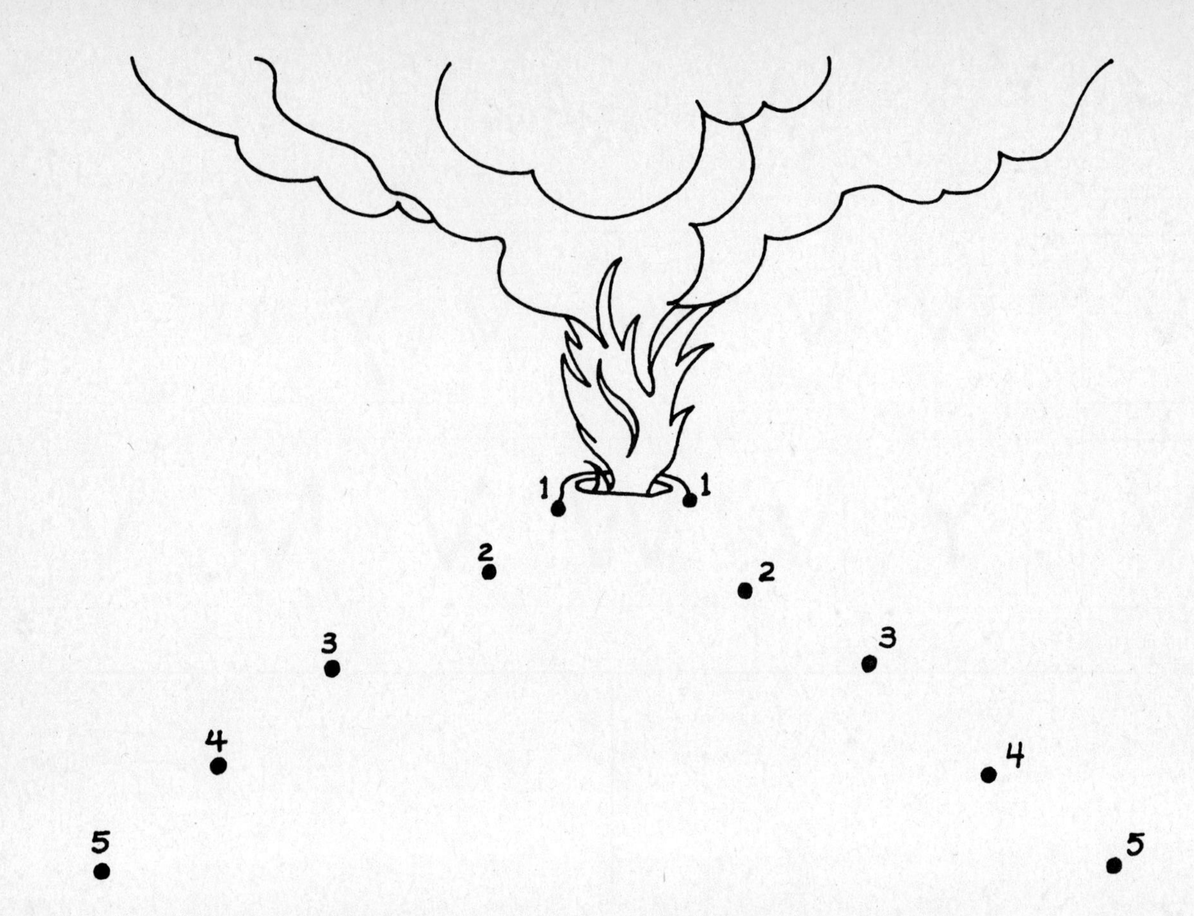

Vv volcano

Vv

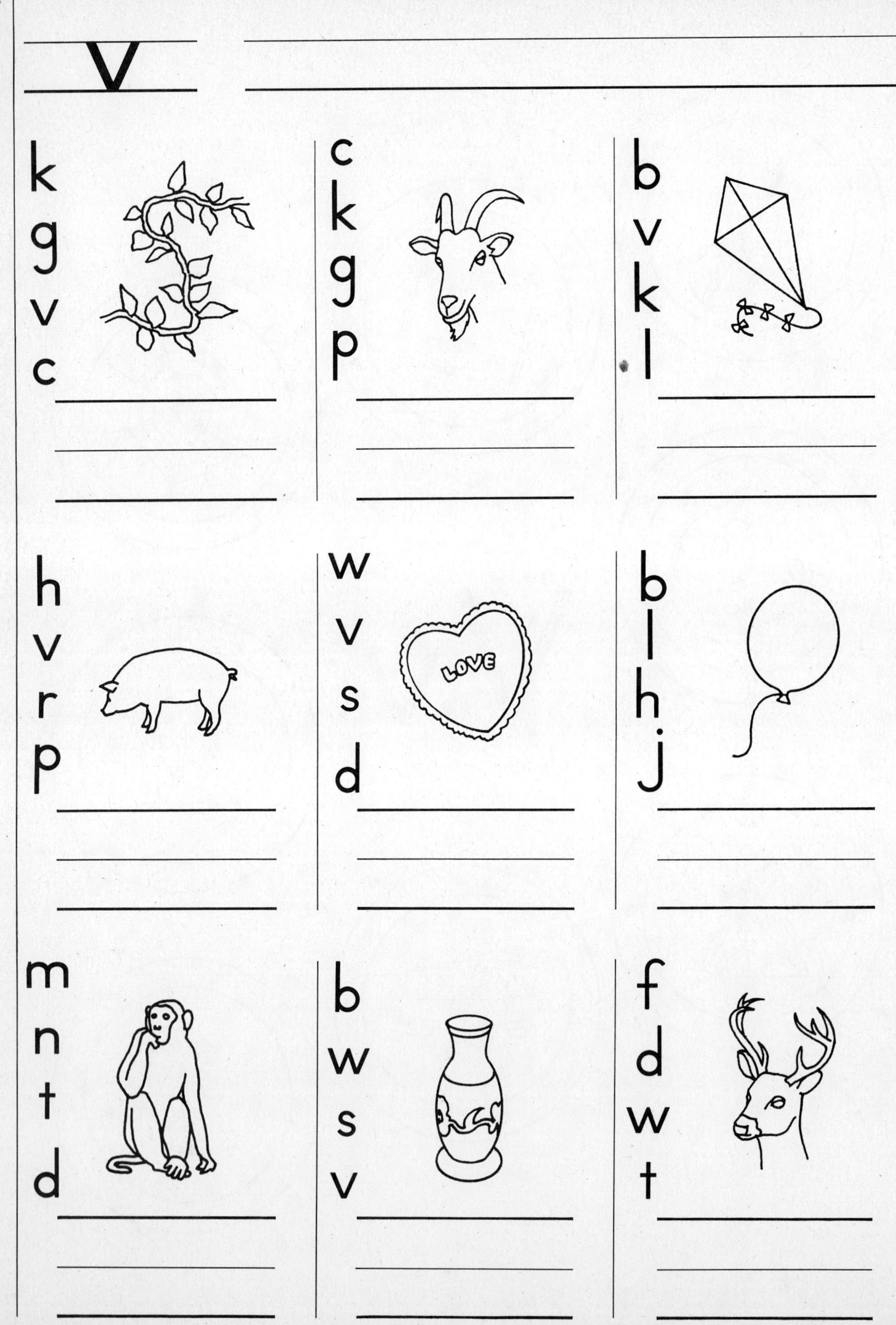
V
k g v c
c k g p
b v k l
h v r p
w v s d
LOVE
b l h j
m n t d
b w s v
f d w t

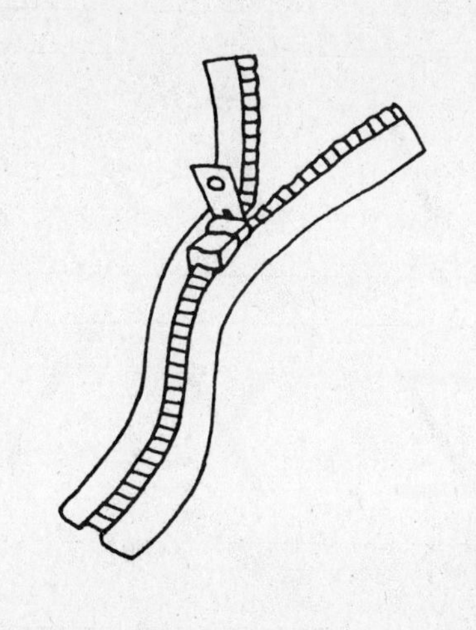

Z z

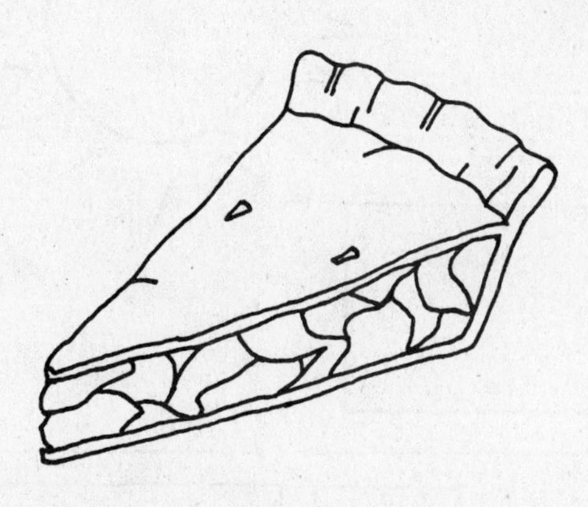

Z	Z N Z V S N Z
z	w z n s z v z z
Z	N Z V Z X Y

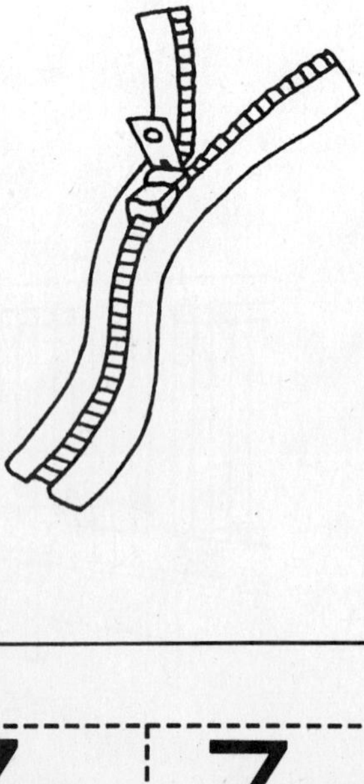

Zz Zz Zz

Take the zebra to the zoo.

Zz zebra zoo

Z z

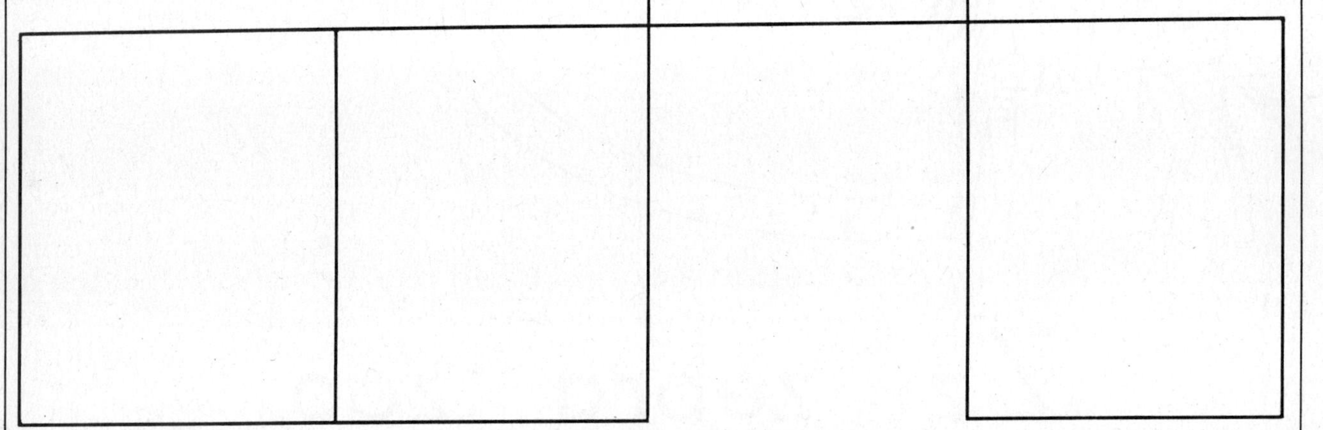

z

b
z
s
r

v
n
m
t

z
w
d
v

j
z
h
s

r
l
z
g

r
w
k
t

w
v
t
l

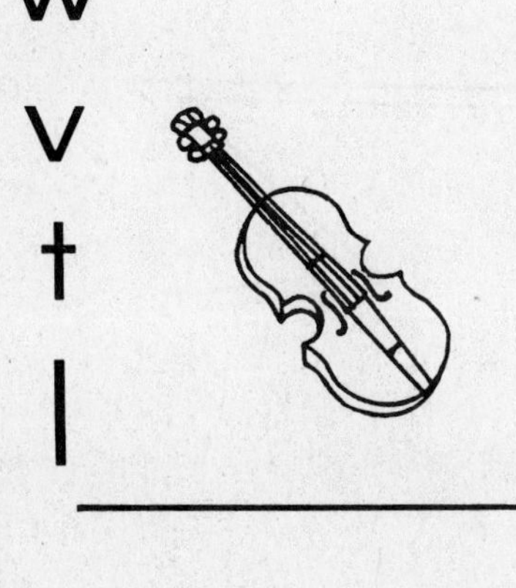

j
c
k
h

b
z
d
c

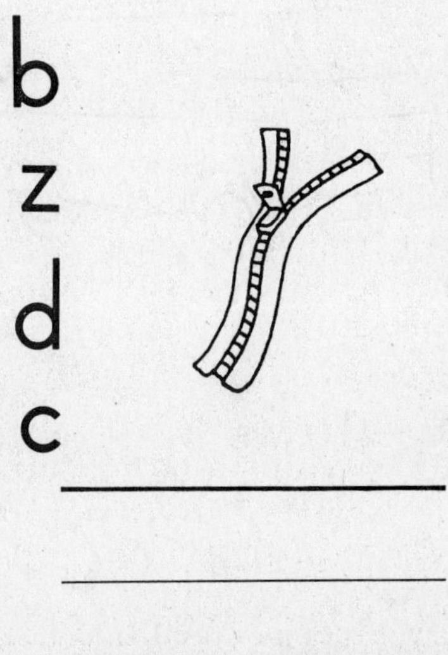

Gg
Vv
Zz

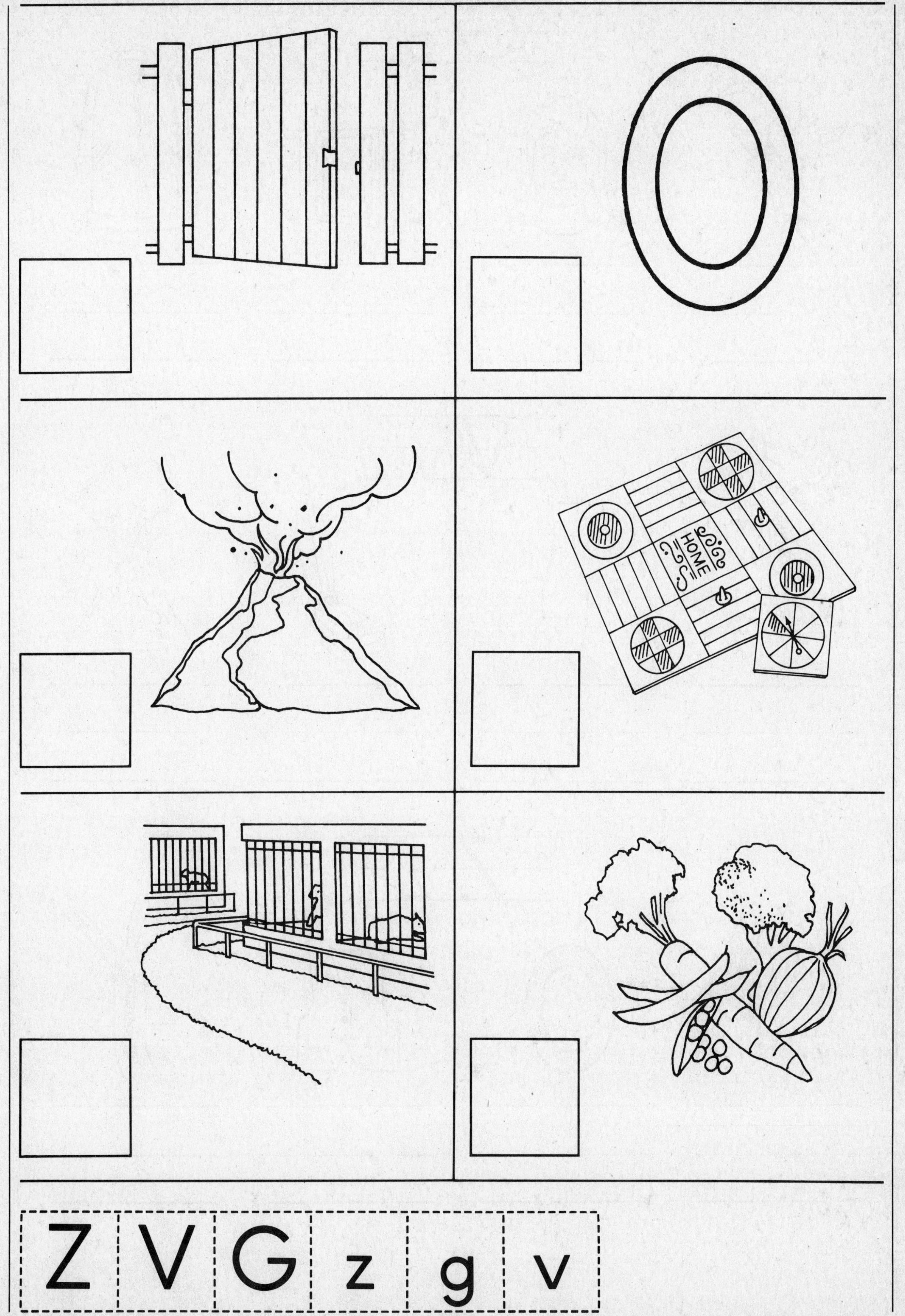
HOME
Z
V
G
z
g
v

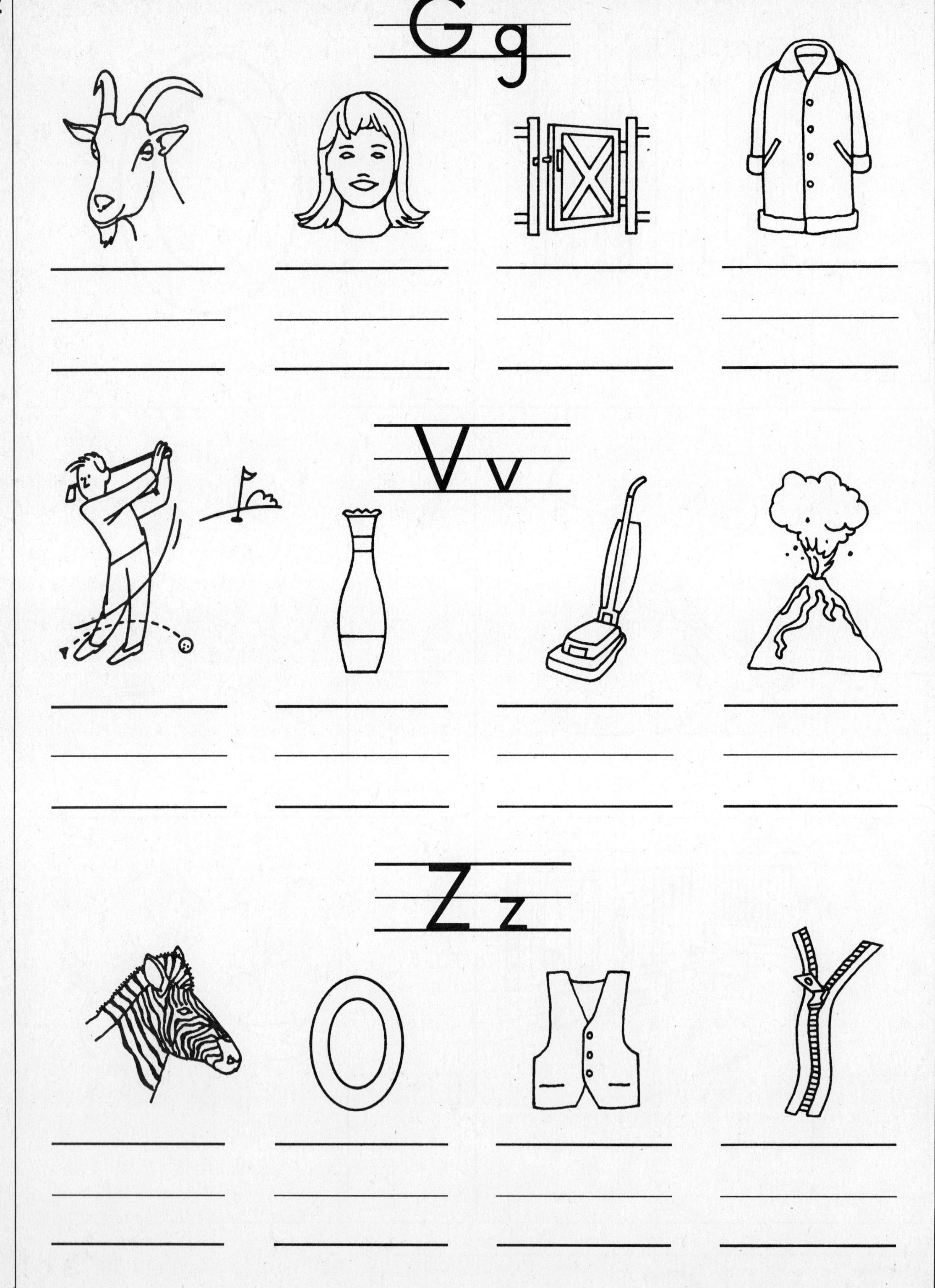

Gg
Vv
Zz

Yy

y
k y v w v y
Y
V Y W Y Y V
y
y v w y x k y
Yy Yy Yy

Follow the yellow yarn in the yard.

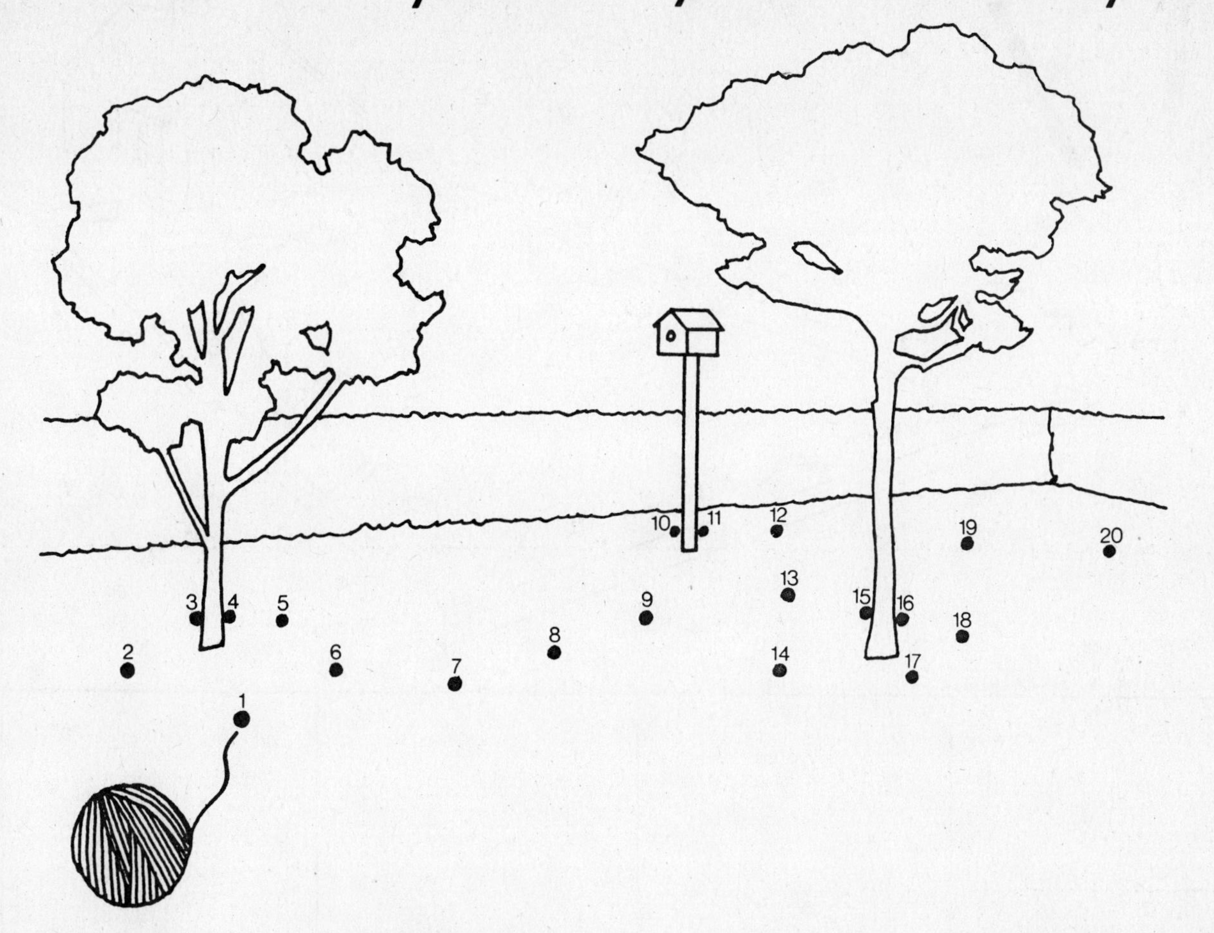

Yy yellow yarn yard

Y y

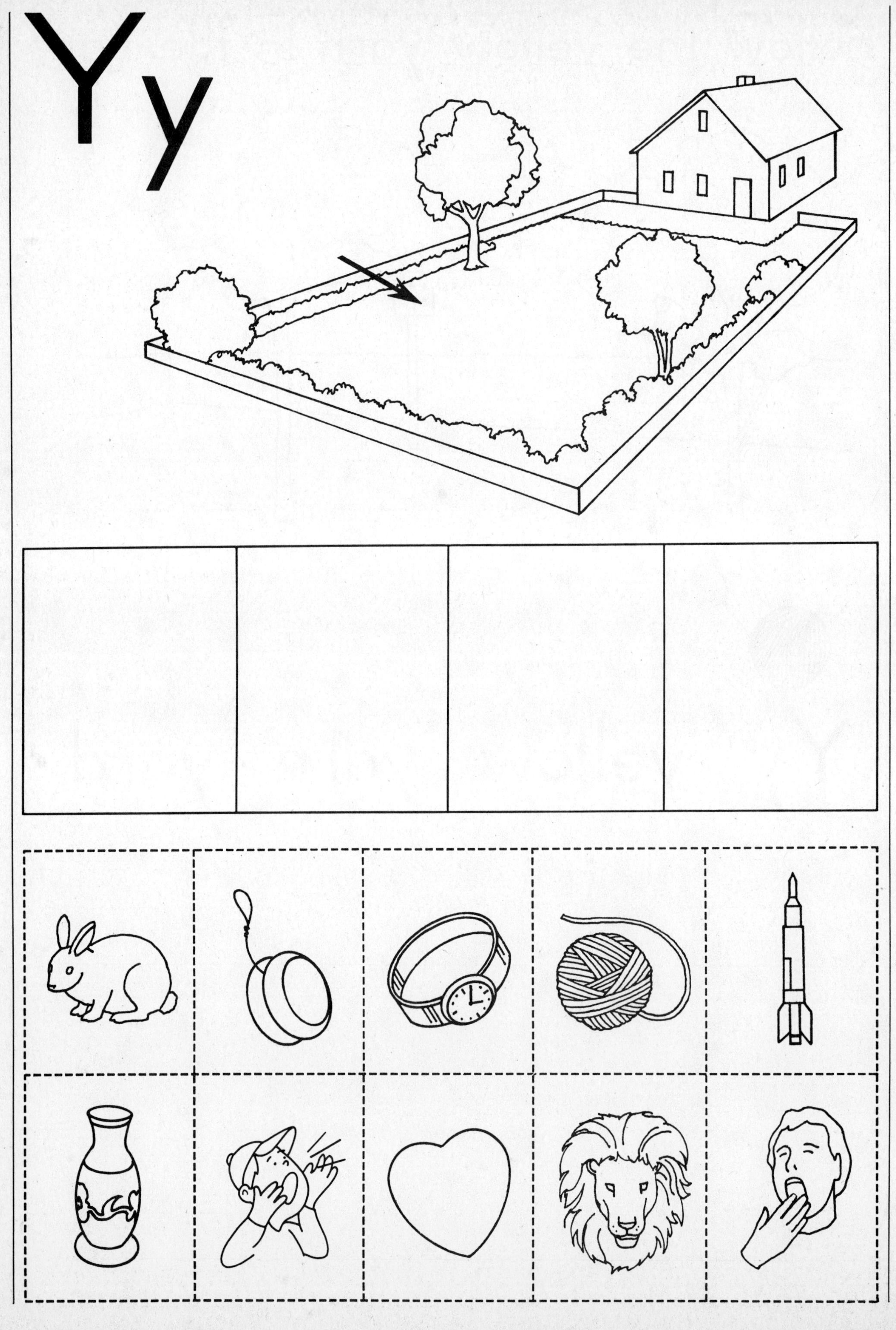

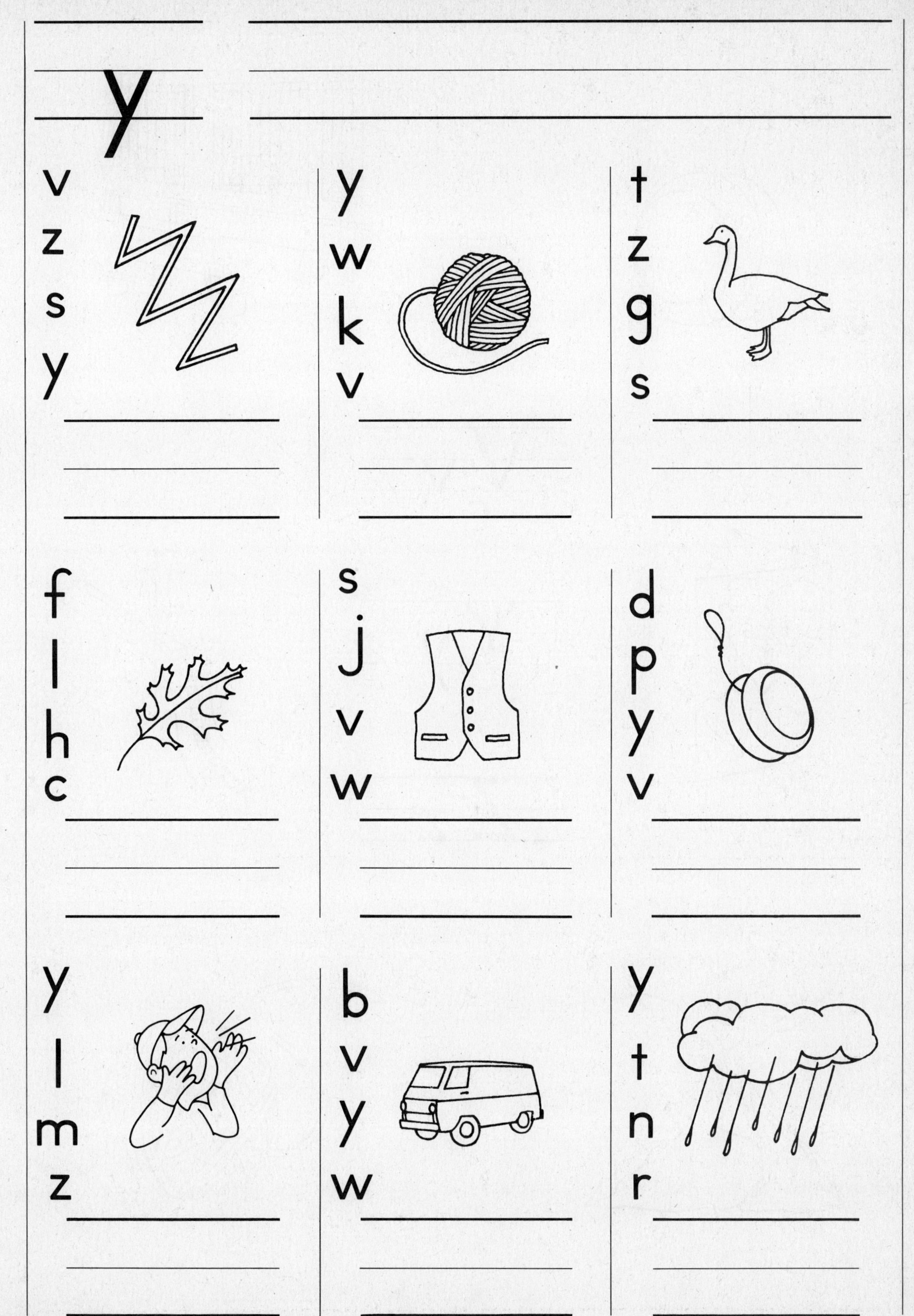
y
v
z
s
y
y
w
k
v
t
z
g
s
f
l
h
c
s
j
v
w
d
p
y
v
y
l
m
z
b
v
y
w
y
t
n
r

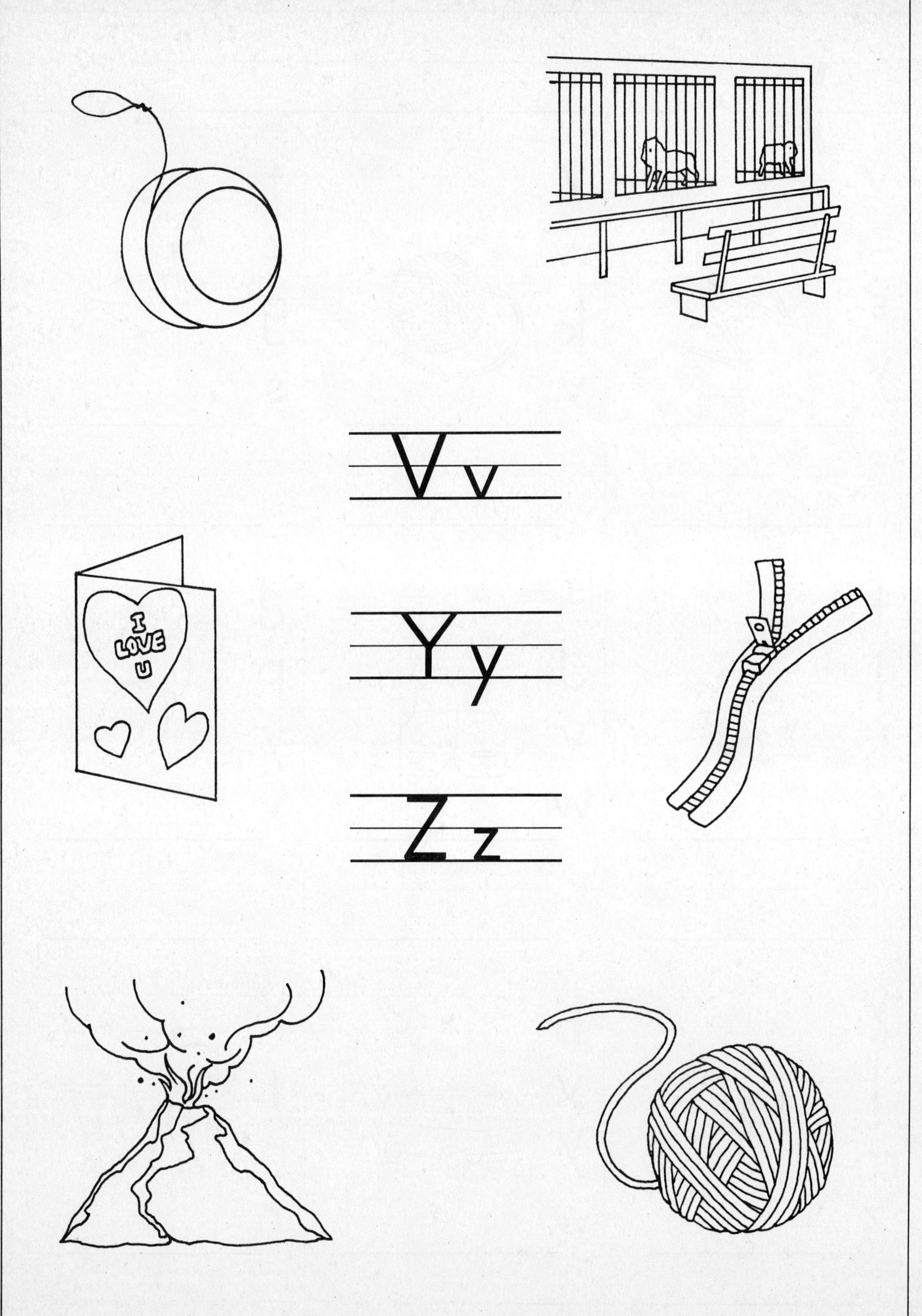
Vv
Yy
Zz
I LOVE U

Z
z
v
Y
y
V

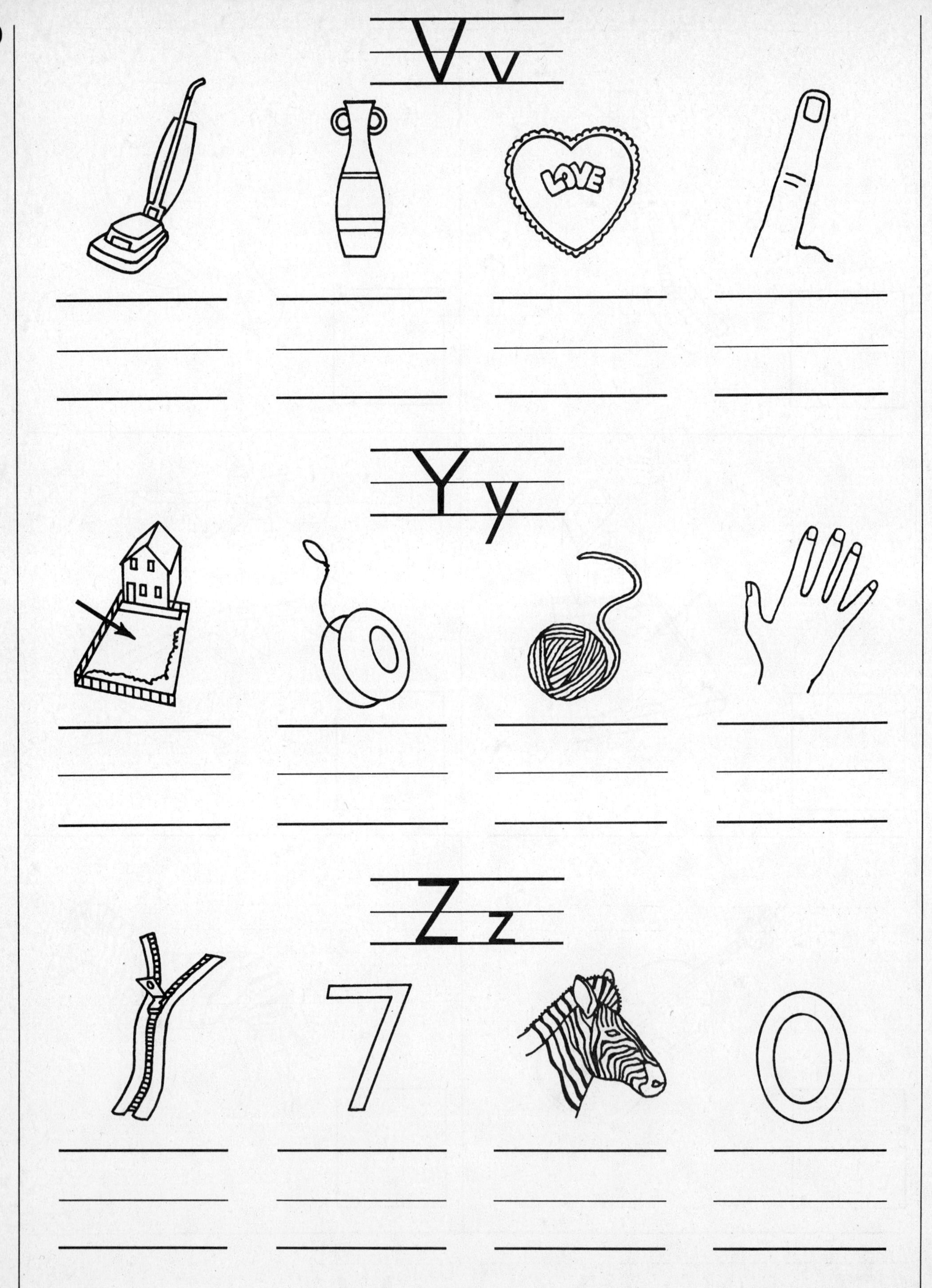
Vv
LOVE
Yy
Zz

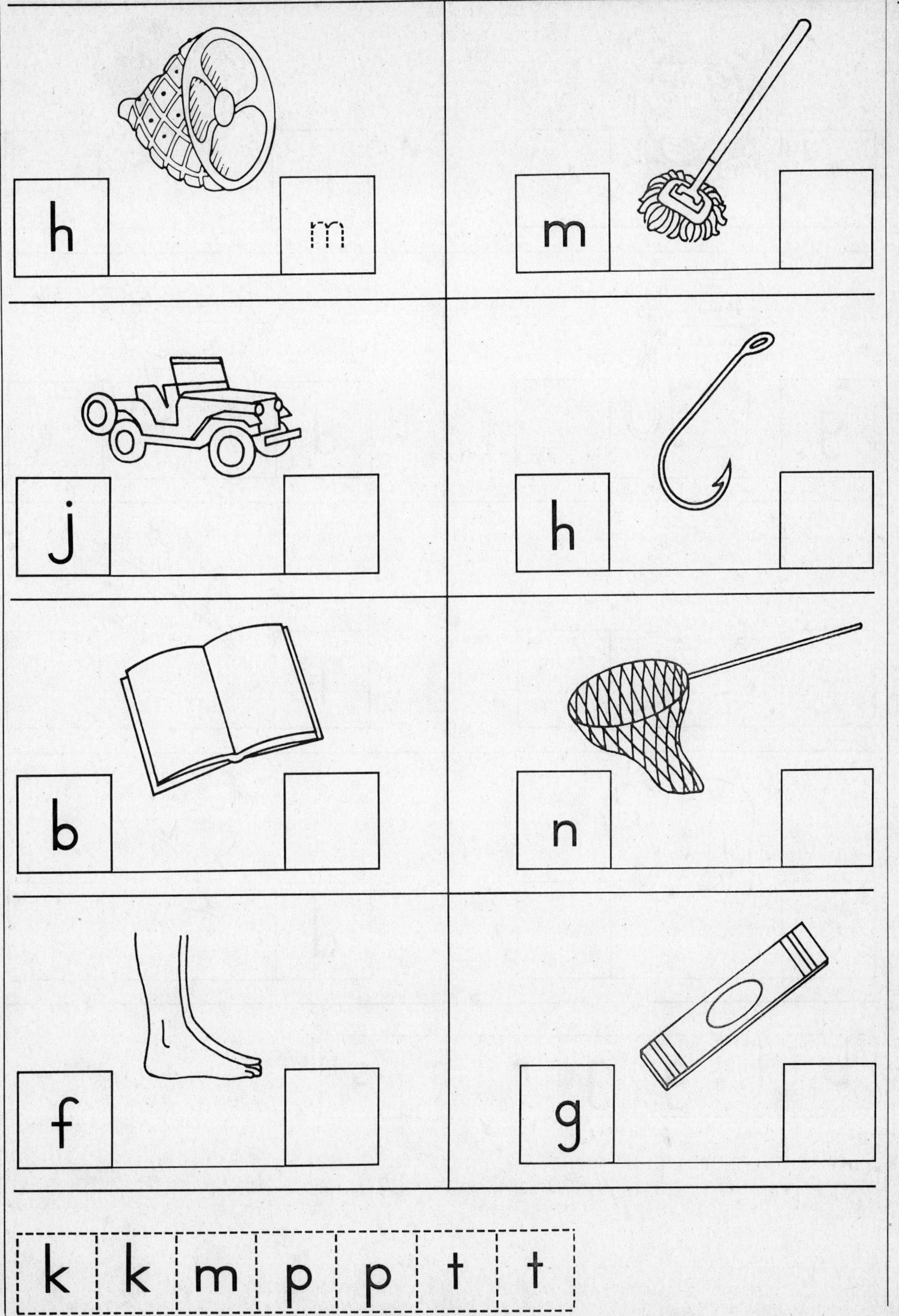
h
m
m
j
h
b
n
f
g
k k m p p t t

t
r
k
g
d
r
l
c
d
b f g g r s s

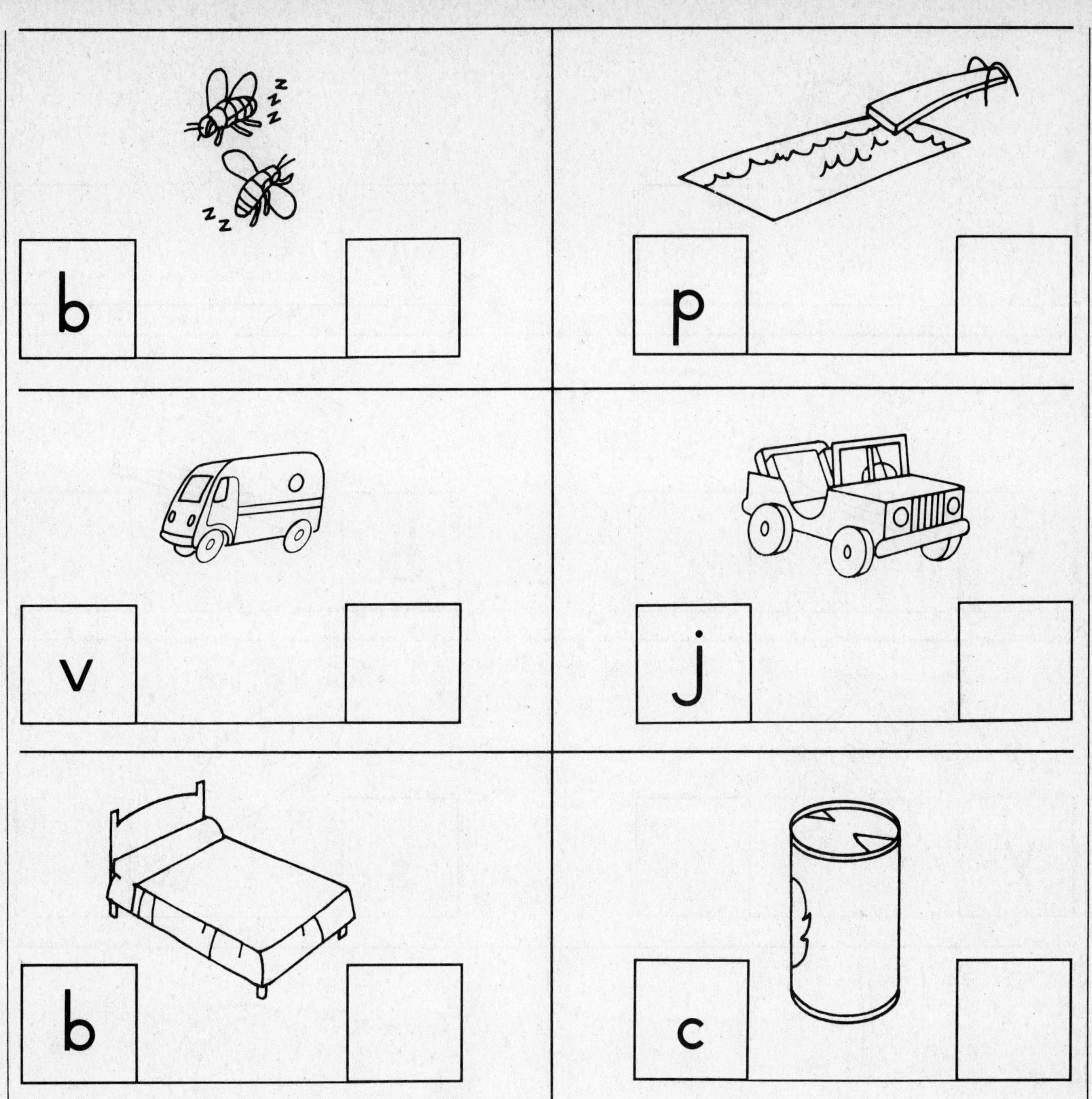

d l n n z p

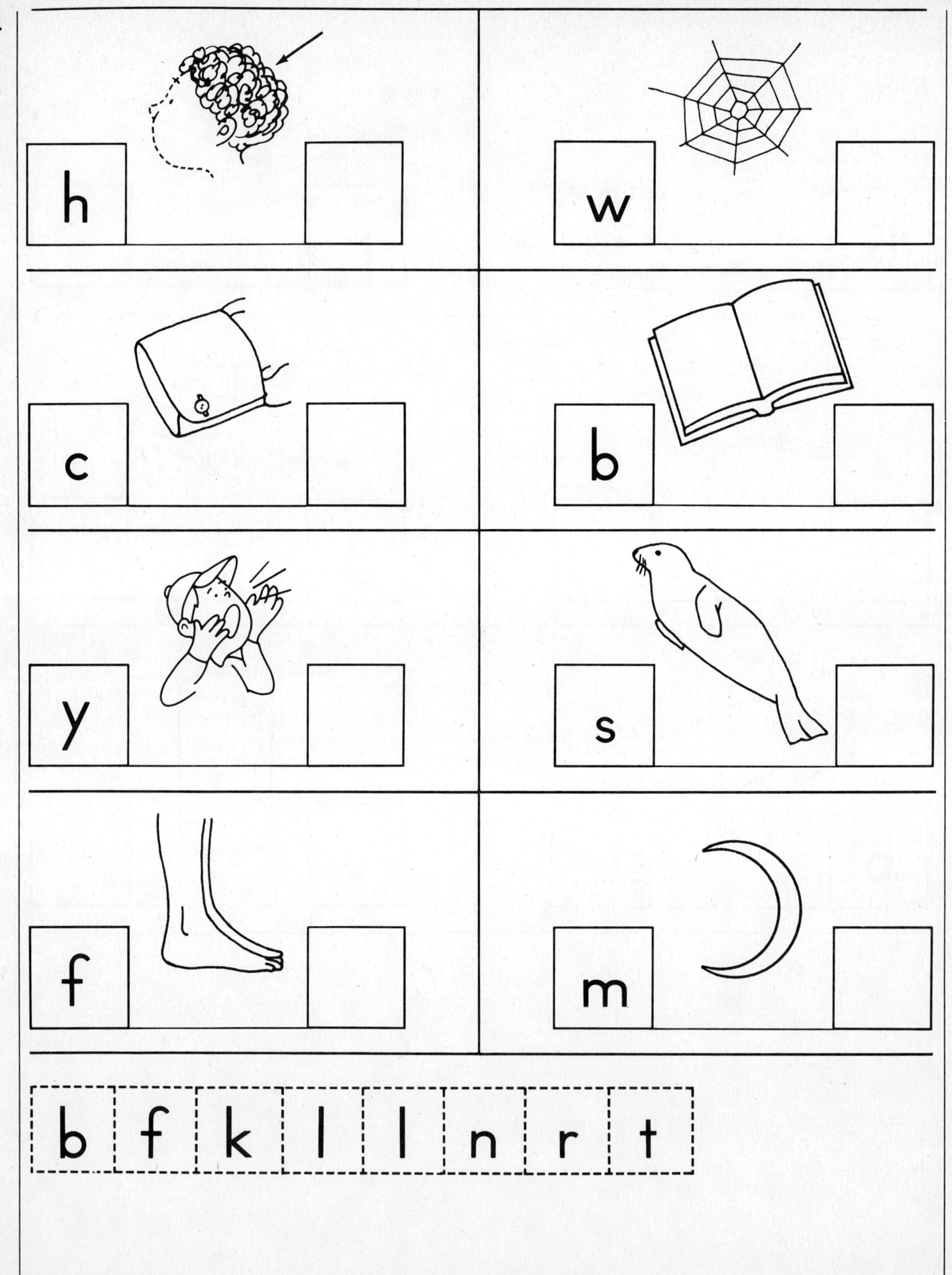

b	f	k	l	l	n	r	t

Xx
__ x

X Y X V X X Z

x x y x v y w

X X Z N X V X

6

s

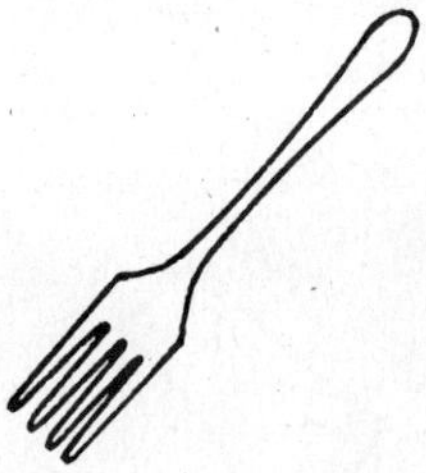

f

f

b

x x x

Can you fix the fox?

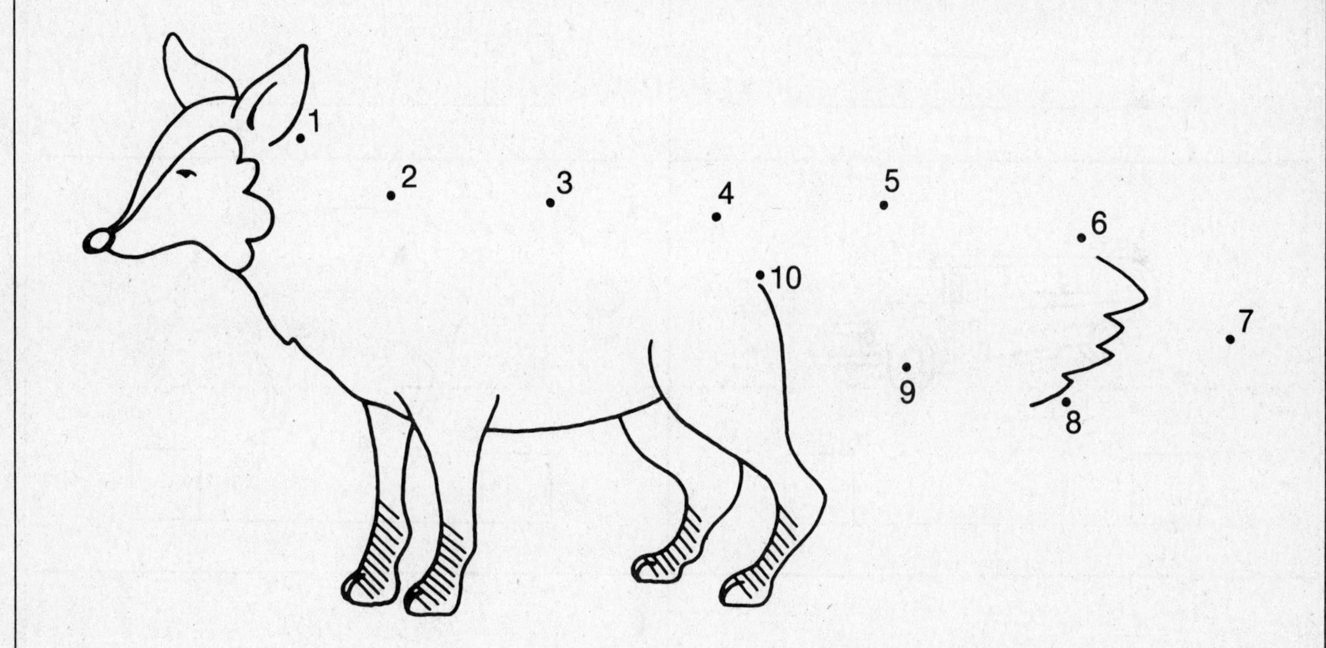

Xx fix fox

r
s
s
g
g
r
f
x

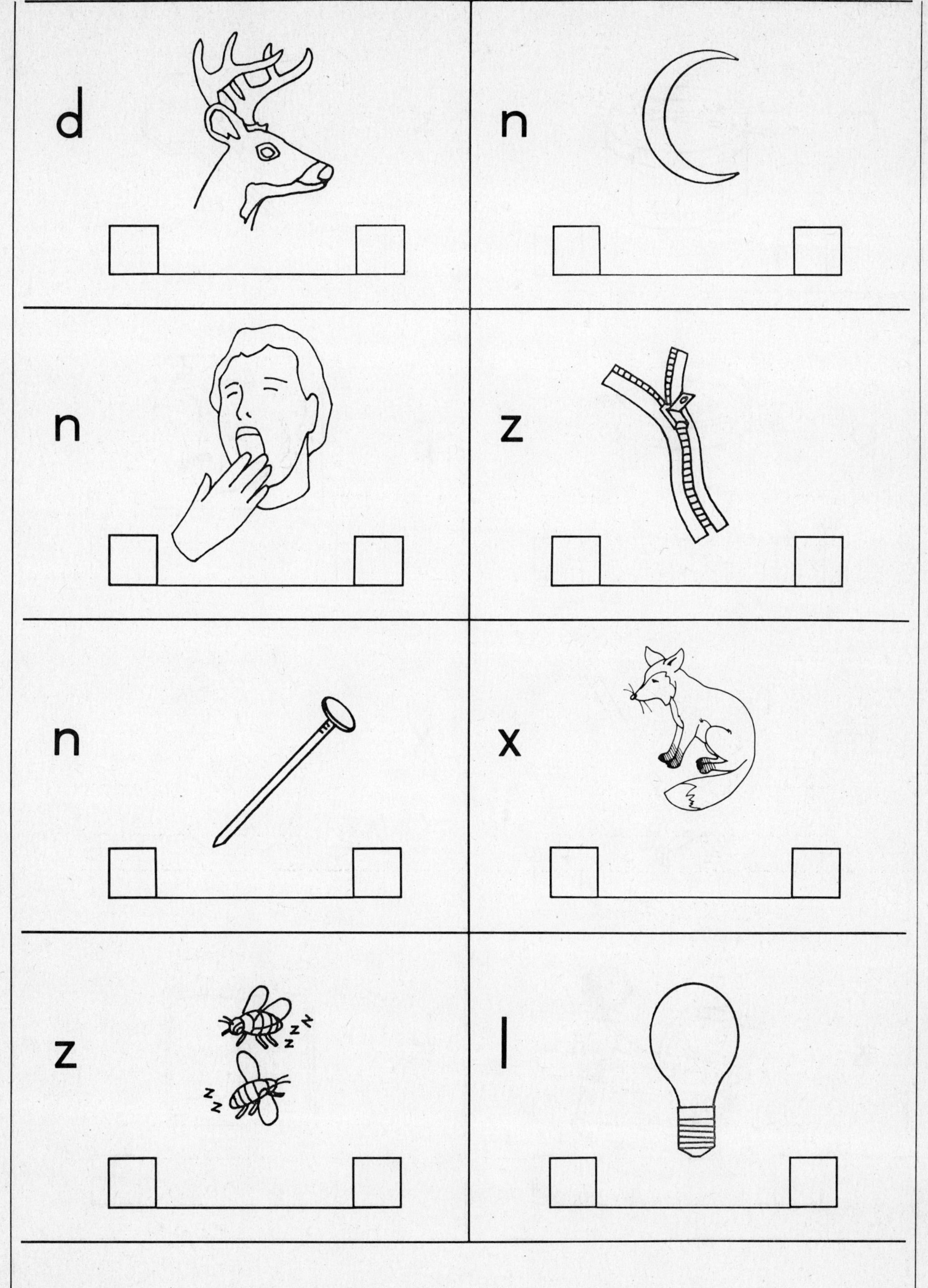
d
n
n
z
n
x
z
l

m
k
p
p
m
x
x
k

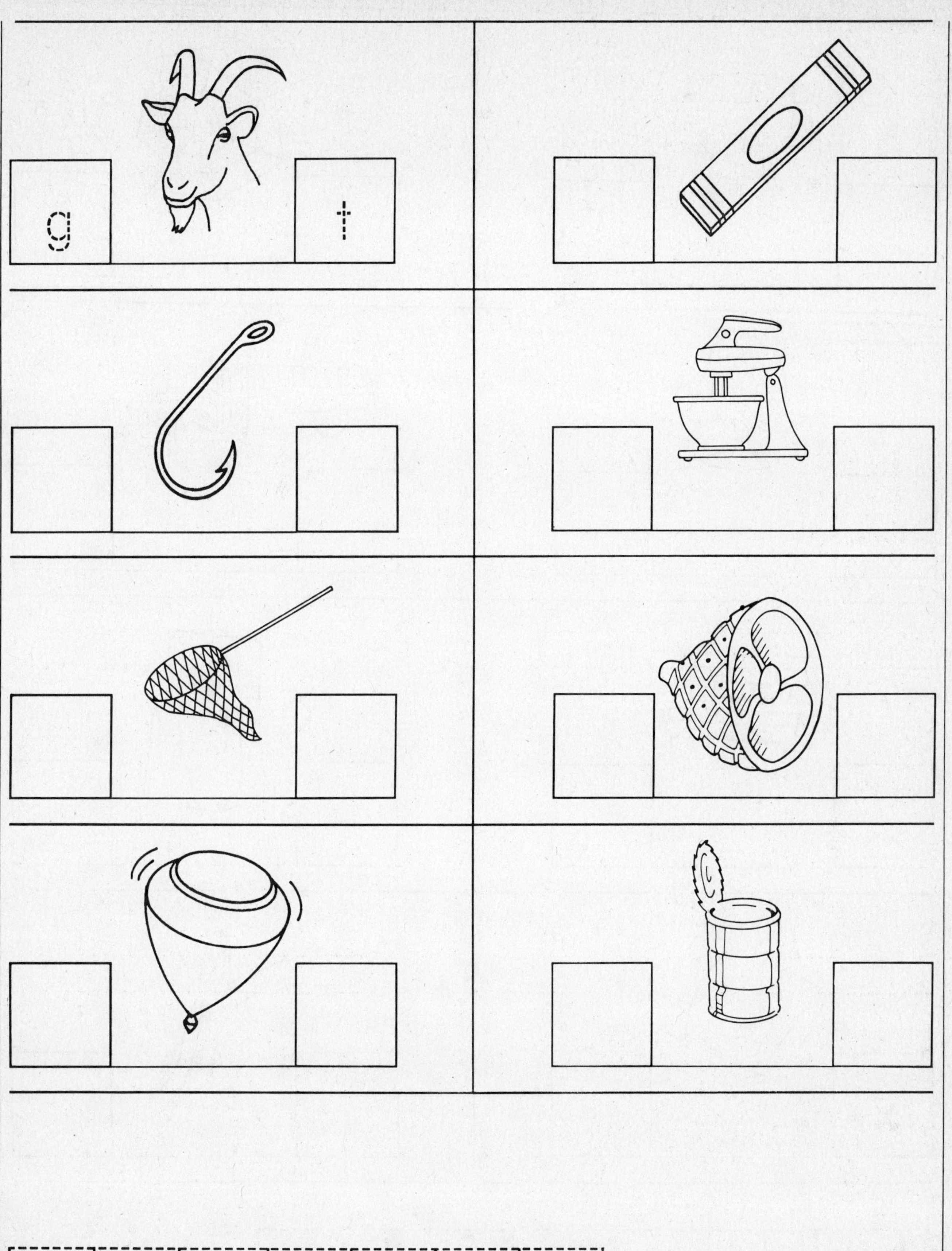

c	g	h	h	k	m	m
m	n	n	p	t	t	x

b
b
b
c
c
f
f
g
g
p
r
r
s
w
w
z